はじめての
フェズ刺繍

表も裏も美しい
モロッコ伝統の刺繍技法と図案

アタマンチャック
中山奈穂美

誠文堂新光社

はじめに

　ずっと布の仕事に携わってきた私にとって、フェズ刺繍との出会いは衝撃的なものでした。青年海外協力隊としてフェズで洋裁を教える事が決まり、日本を発つ前から「モロッコには素晴らしい刺繍がある」と聞いていましたが、現地に行っても目にする事がないまま数ヶ月が過ぎていました。

　ある日、日本から観光にきた友人が、お金に困っていたモロッコ人から刺繍のセットを買い、ナプキンの一枚を私にくれました。表裏がリバーシブルに刺繍された美しい幾何学模様。単純な模様だったので真似して刺してみて驚きました。どうしても同じ模様に刺せないのです。現地の洋裁学校の先生である同僚や、手芸のできる女性たちに聞いても、誰もフェズ刺繍の刺し方を知らないと言うのです。

　私が興味を持っていると知ると、皆が協力してくれるようになりました。刺繍を習っていた知り合いを紹介してくれたり、わざわざ教えに訪ねてくれたりして、ようやく刺せるようになりました。フェズ刺繍は私のモロッコ滞在に多くの出会いをもたらし、帰国した今でも、その時の友人たちが本や資料を送ってくれたり、連絡をくれたり、私の刺繍制作を応援してくださることには感謝の念が尽きません。

　多くの人々と知り合う中で、刺繍の美しさや、歴史だけでなく、人々の想いの深さも知ることができました。かつては母から娘に伝えられてきた手仕事。また一方では、豪華絢爛な文化の象徴であったフェズ刺繍。モロッコの人々だけでなく、この刺繍に魅せられた多くの人々が、誇りとして残していきたいと強く願っていることも知りました。「自分の財産は学生時代の一枚の写真と、その時に刺した布だけ」といつも言っていたモロッコの友人が、帰国の日に「あなたの役に立てて」と、くれた教習布は今でも宝物です。「フェズ刺繍は、どこまでも輪と輪を繋いでいくのよ」と、糸の継ぎ方を教えてくれたモロッコの友人の言葉は一生忘れることはないでしょう。時代や国境を超え、伝えられてきた美しいフェズ刺繍。少しでも多くの皆様に知っていただけましたら大変嬉しく思います。

アタマンチャック中山奈穂美

CONTENTS

はじめに 2
フェズの街と刺繍の歴史 6

フェズ刺繍の基本
フェズ刺繍の仕組み 17
フェズ刺繍の刺し方 18
材料と用具 20
ステッチの種類と刺し方 24

LESSON 1　基本的なステッチを組み合わせて
コースターA 32
コースターB 33
コースターC 42
ティーマットA 48
ティーマットB 52

LESSON 2　布と糸をアレンジして
ヴィヴィッドコースター 58
素材違いのコースター 60
アクセサリートレイ 62
グラスホルダー 66
ブックマーク 68
アクセサリーポーチ 70
ミニ巾着 71
ミニマット 74

本書の注意点
- LESSON 1で、フェズ刺繍の基礎が学べます。基本作品をマスターしてから、LESSON 2以降に進むことをおすすめします。
- ステッチを刺す順番は、裏表紙をめくったところに記載してあります。
- 刺しやすい順番は個人によって異なります。本書に掲載されている刺し方図は、シンプルにわかりやすく解説したものです。

LESSON 3　配色を入れて
マルチカラーのコースター	78
マルチクロス	82
リボン	86

LESSON 4　アレンジテクニックを使って
タオル	92
2色のティーマット	96
くるみボタン	101

LESSON 5　応用
ハンカチ	106
ポプリケース	107
刺繍フレーム	112
カーテン	118

POINT LESSON
フリンジの仕上げ方	46
布端をステッチでかがる仕上げ方	56
布端をステッチで刺しとめる仕上げ方	65
縫い付けタッセルの作り方	76
リボンタッセルの作り方	76
中央から左右に刺し進める刺し方	95
糸の色の替え方	99

COLUMN
フェズ刺繍の模様	47
モロッコのティータイム	77
メクネス刺繍	91

本書の使い方
- 作品のサイズは、布の織り目によって変わります。掲載作品のサイズ表記は、目安として参考にしてください。
- 布の大きさは、18cmの刺繍枠に張ることを考慮してできあがりサイズより大きめに表記しています。

フェズの街と刺繍の歴史

さまざまな文化がまじりあうフェズ

アフリカ大陸の北西部にあるモロッコは、その場所から「日の沈む国」と呼ばれています。かつてベルベル人と呼ばれる先住民族が住んでいたとされていますが、民族の移動や交易などによりアフリカだけでなく、ヨーロッパや中東の文化が混在した独特な文化を形成してきました。

国の中北部に位置するフェズは、モロッコ最古の都市。そのなかでもメディナ（旧市街地）は、街全体が世界遺産に登録されています。フェズ最古の建造物、カラウィン・モスクに世界最古の大学が造られたことによって学問やイスラムの街として発展し、現在では信仰、芸術、文化、商業的にモロッコの中心的都市のひとつになっています。

メディナは周囲を高い城壁に囲まれおり、8つ門から出入りするつくりになっています。なかでもひときわ大きいブー・ジュルード門は、外側は青、内側は緑の美しいタイルで装飾されています。門をくぐりぬけると細く、複雑な道が交じり合う「世界一の迷宮都市」が人々を惑わせます。すり鉢状の地形のため、階段がいくつも現れるので移動は徒歩がメイン。狭い路地にはレストランやカフェ、雑貨店などさまざまな店がひしめき合い、そのなかを人々だけでなく、ロバやラバも行き交います。

メディナ（旧市街地）の北側にある小高い丘から見た城壁内。

1. 旧市街地への入り口のひとつ、ブー・ジュルード門の外側。門のアーチ越しにブー・イナニア・マドラサ（神学校）の緑のミナレット（塔）が見える。
2. 門はアラベスク模様のタイルで装飾されている。
3. 門の内側はイスラムを象徴する緑のタイル。
4. キサリアと呼ばれる繊維の市場では美しいプリントや刺繍が目をひく。
5. キサリアの糸店。あらゆる色が揃い、美しく並べられている。
6. 白地にフェズブルーと呼ばれる青い塗料で装飾された陶器。

フェズ刺繍の歴史

　かつてモロッコは多くの民族が都市を作り、民族の数だけ異なる手工芸品があったといわれています。各都市に残る遺跡や街並みに、今もその興亡を見ることができますが、各地の特徴的な刺繍のほとんどは、20世紀初頭までには作られなくなり、または国外に持ち出されるなどして、現地を訪れてもほとんど見ることができなくなりました。近年の工業化の波によって機械刺繍が手刺繍にとって代わったことがその理由かもしれません。

　今あるモロッコの手刺繍は、都市部に残るフェズ刺繍（広意義でアラブ刺繍と呼ぶこともある）と山岳地方や南部に残るベルベル刺繍の2種類に大別されたといっても過言ではないでしょう。

　フェズは交易などの重要な拠点として、古くから商業と文化の街として栄えてきました。またアンダルシアから移動してきたイスラム教徒やユダヤ人なども多く住み、大きく分けて3種類の刺繍があったといわれます。

　そのうちの一つ、今日のバルカン地方の一部に残る、ステムステッチやバックステッチで輪郭を刺しヘリンボーンステッチと組み合わせた刺繍は、17世紀後半から19世紀初頭まで続いていたといわれますが今は見ることができません。さらにもう一つ、木製のスタンプを使ったといわれるサテンステッチも今は製作されていません。

　そして最後の一つが、18世紀から現在に残る、縦横斜めのステッチをリバーシブルに刺すフェズ刺繍です。フェズ刺繍は、各地で生産されなくなった刺繍に代わって19世紀末からモロッコ各地に広められました。フェズには古くから職業育成としての刺繍学校やアトリエがあり、また裕福な家庭では若い女性のたしなみとして、刺繍を家庭教師から学ぶ習慣もありました。

　そして1912年にフランス（一部スペインなど）の保護国となったモロッコでは美術工芸運動がすすめられ、カトリック教会などによる刺繍の学校が各地に設立されます。少女たちは教習布を作成し、技術の習得の成果としましたが、経済的な理由から仕事を得るためのサンプルとしても使うことがあったようです。少女たちの憧れは自分の婚礼の支度のための刺繍を作ることでしたが、売るための刺繍も作られたようです。

新市街地にある伝統工芸館内のフェズ刺繍の店。ナプキンやクッションカバーなどの小物から、テーブルクロスやベッドカバーまで大小さまざまな品がそろう。

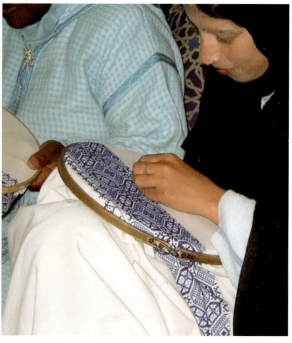

旧市街地にある刺繍組合で、ベッドカバーにフェズ刺繍を刺す女性。

こうして19世紀までは富裕層のものだった刺繍が、20世紀以降は広く庶民に広まっていきます。同時に、講師たちの所属するグループやヨーロッパの会社によって輸出されたコピーブックなどから教習に使うデザインが広められ、さらに学校の方針や先生たちの好みの違いによってモロッコ各地の刺繍として特徴付けられていきます。

　20世紀後半にはこれらの学校は無くなり、ごく一部の修道院に残るのみとなりますが、フランスから独立した後は、モロッコ政府の観光政策などにより、各地に伝統工芸館や刺繍の組合が奨励され、観光で訪れる人にも身近に触れることができるようになっていきました。フェズ刺繍はフェズだけのものではなく、多くの人に愛され守られてきたモロッコの代表的な刺繍となりました。

2004年ごろ修道院で購入したハンカチ。当時、フランス人修道女指導のもと、多くの少女たちが刺していた。

1970年ごろに刺繍学校で刺された教習布。刺繍を教えてくれた友人が制作した。

イスラムを象徴する赤と緑の糸で、ひとつのモチーフが繰り返し刺されている。

11

フェズ刺繍の基本

フェズ刺繍の仕組み

幾何学模様が特徴的なフェズ刺繍。
複雑そうにみえる図案ですが、シンプルなステッチでできています。

1 使うステッチは3種類

縦　　横　　斜め

フェズ刺繍の基本のステッチは「縦」「横」「斜め」の3種類のみ。

この3種類のステッチを繰り返し、または組み合わせることで、さまざまなモチーフが生まれます。図案は写さず、布の織り糸を数えて刺します。

2 メインステッチを軸に刺し広げる

メインステッチ

本書ではモチーフの軸となるステッチを
「メインステッチ」
と呼びます。

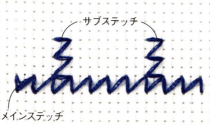
サブステッチ
メインステッチ

メインステッチを軸に、別のステッチを刺してモチーフを広げていきます。本書ではこの刺し広げたステッチを
「サブステッチ」
と呼びます。

サブステッチ
別のサブステッチ　別のサブステッチ　別のサブステッチ
メインステッチ

サブステッチを軸に、さらに別のサブステッチを刺すことでモチーフが大きくなります。

フェズ刺繍の刺し方

フェズ刺繍は布の表裏両面に同じ模様ができあがるリバーシブル刺繍です。
以下の内容をおさえておけば流れるように刺し進められます。
ここでは刺し方の流れを確認しておきましょう。

1 同じ道筋を往復して完成する

刺し方図

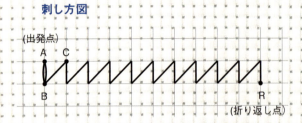

フェズ刺繍は、一筆書きのように図案を往復して刺します。
「A（出発点）」から刺し始め、表裏を1目ずつ交互に刺し進めます。
「R（折り返し点）」で折り返し、再び出発点（A）まで裏表を刺し戻って完成です。
本書ではAからRまでを「往路」、RからAまでを「復路」と呼びます。

往路

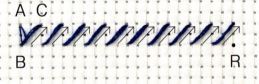

表からAに刺し、B→Cの順に、Rまで往路を刺す。

▼

復路

Rで折り返し、Aまで復路を刺す。

2　サブステッチは復路で刺す

刺し方図

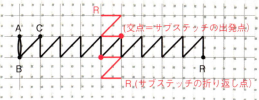

メインステッチからサブステッチが広がるモチーフの場合は、メインステッチの復路で「交点(●)」を通った際にサブステッチを刺します。この交点(●)はサブステッチの出発点となり、メインステッチと同様に、折り返し点(R)で折り返し、必ず交点(●)まで戻ります。

往路

表からAに刺し、B→Cの順に、Rまでメインステッチの往路を刺す。

復路

Rで折り返し、メインメインステッチの復路を刺す。上の交点(●)からサブステッチを往復して刺す。

メインステッチの復路に戻り、下の交点(●)からサブステッチを往復して刺す。

メインステッチの復路に戻り、Aに戻る。

材料と用具

本書で使用している基本的な材料と用具を紹介します。
この他に、ピンクッションや裁ちばさみなどを用意しておきましょう。

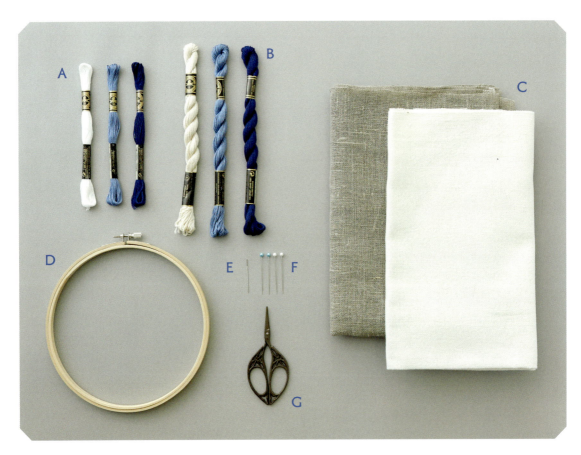

A 25番刺繍糸*
細い糸6本がゆるく撚り合わさった糸。細い糸を1本ずつ引き出して使用します。本書では1本を三つ折りにして使用します。
→ P.23 参照

B 5番刺繍糸*
25番刺繍糸よりも1本の糸が太く、光沢のある糸。本書では1本どりで使用します。→ P.22 参照

C 布
本書ではたて糸とよこ糸が交互に交差する平織りの布、またはクロスステッチに使われるジャバクロスを使用します。布の織り目を数えて刺すので、目がはっきり見える布を使いましょう。
→ P.21 参照

＊使用している刺繍糸はすべてDMCのものです。各作品の材料に記載されている数字は色番号です。

D 刺繍枠
布をピンと張った状態で刺したいときに使用。内枠と外枠の間に布を張ります。サイズは大小さまざまありますが、18cm前後のものがおすすめです。→ P.22 参照

E 刺繍針
25番刺繍糸には、クロスステッチ用の22〜24番の刺繍糸を使用します。5番刺繍糸には、針穴の長いシェニール針を使用しましょう。

F まち針
織り目を数えるときの印として、または布端の処理やタッセルを作るときに使用します。数本用意しておくと便利です。

G 糸切りばさみ
細い刺繍糸をカットするため、刃先が細く、切れ味のよいものを使いましょう。

布の種類

本書で使用している代表的な布を紹介します。初めて刺すときは、織り目が数えやすい生地がおすすめ。慣れてきたら好みの布でも挑戦してみましょう。縦横の織り目の比率が近いものを選ぶと、モチーフがきれいに仕上がります。

麻平織り

適度な張りがあり、織り目がしっかり数えられる麻の平織り布。同じ布でも、場所によって織られている糸の太さによって目の詰まり方に違いがあるので、織り目が整っている場所に刺しましょう。

目の数え方
1目＝織り糸4×4本の場合、1目の中に織り糸が縦に4本、横に4本入る。

綿平織り

織りの密度が高い綿の平織り布。織り目が細かいので、フェズ刺繍の幾何学模様の美しさをより引き立ててくれます。

目の数え方
1目＝織り糸3×3本の場合、1目の中に織り糸が縦に3本、横に3本入る。

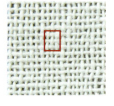

ジャバクロス

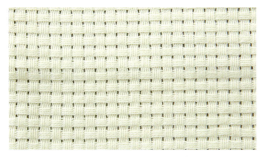

クロスステッチで使用されるブロック織りの布。細かい織り糸ではなく、ブロックごとに目を数えます。平織りの布よりも目が数えやすいので、初めて刺す人におすすめです。

目の数え方
1目＝1×1ブロックの場合、1目の中にブロックが縦に1つ、横に1つ入る。

その他の素材

クロスステッチ用に販売されている、ステッチテープ、ステッチタオルなどもフェズ刺繍の素材として使えます。

目の数え方
1目＝2×2ブロックの場合、1目の中にブロックが縦に2つ、横に2つ入る。

※作品ごとに、使用布の1cm四方に入る織り糸の本数、またはブロック数を表記しています。
※図案はすべて方眼のマス目の上に描かれ、1マスを1目として表記します。また、1目で織り糸（またはブロック）を何本拾うかは、作品ごとのhow to makeのページに表記しています。

刺繍枠の使い方

最初は使いやすい18cmがおすすめです。フェズ刺繍は、刺繍枠を回しながら刺すことがります。上下がわからなくならないよう「金具部分＝図案の上」とおぼえておきましょう。刺繍枠にはめる前に、布にアイロンをかけて織り目を整えておきます。

01 内枠の上に、アイロンで織り目を整えた布の表側を上にして重ねる。

02 外枠の金具をゆるめて重ね、織り目が歪まないように垂直にはめ込む。

03 布が歪まないように気をつけながら、金具をしっかり締めて固定する。

04 刺繍枠のはめ終わり。織り目が歪んでいないことを確認して刺し始める。

糸の種類

本書では5番刺繍糸と25番刺繍糸の2種類を使います。表裏のないフェズ刺繍は刺し始めの玉結び、刺し終わりの玉止めはしません。糸が短くなった場合も、結ばずに糸継ぎをします。

5番刺繍糸

※ここでは1目＝織り糸2×2本で説明しています。

糸の通し方

ラベルを外し、かせを整えて約80cm長さにカットする。1本どりで針に通す。

刺し始め

01 布の表側からAに刺し、下に1目（織り糸2本）数えてBから針を出す。糸端は約5cm残し、指で押さえておく。

02 糸が抜けないように押さえたまま、Aから右に1目数えてCに刺す。

刺し終わり

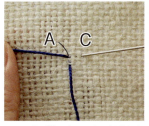
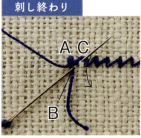

Aまで戻ったら、再びB、Cに刺す。Cから次の目に向かって針をくぐらせる。糸端はそれぞれ1～2mm残してカットして始末する。

糸の継ぎ方

01 糸が短くなったら針を抜く。新しい糸を通し、刺し終わりから3目手前の目に表から刺す。糸端は刺し始めと同様に約5cm残しておく。

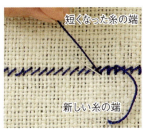

02 3目めは、短くなった糸に重なるように針を出す。

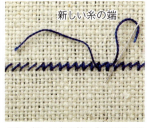

03 新しい糸の端は糸の下にくぐらせる。糸端はそれぞれ1～2mm残してカットして始末する。

25番刺繍糸

※ここでは1目＝織り糸4×4本で説明しています。

糸の通し方

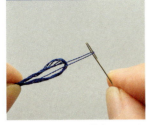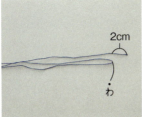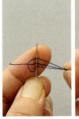

01 糸は約180cm長さにカットする。糸を軽く半分に折り、中央から針の頭で1本引き抜く。

02 糸を三つ折りにし、糸端はそれぞれわより約2cm長くなるように整える。

03 糸は三つ折りのまま針に通す。わと糸端を指の腹にのせ、その上に針の頭をのせて二つ折りにし、糸を平らに整えると針穴に通しやすい。

04 抜けないように1/3ほど通して折り返す。

刺し始め

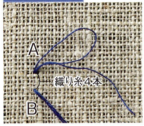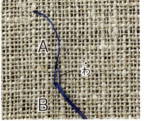

01 布の表側からAに刺し、下に1目（織り糸を4本）数えてBから針を出す。

02 糸を引き、Aから出ている糸端のわに針をくぐらせる。

03 針を引くと、A－Bにわができる。刺し始めのできあがり。糸端は切らずに残しておく。

04 Aから右に1目数えてCに刺す。糸端が抜けないように注意しながら、刺し進める。

刺し終わり

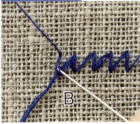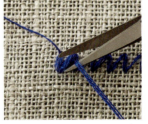

01 Bまで戻り、刺し始めのわを針先で整える。

02 わに針を通してAに刺し、再びBから針を出す。

03 Cから次の目に向かって針をくぐらせる。

04 糸端はそれぞれ1～2mm残してカットして始末する。

糸の継ぎ方

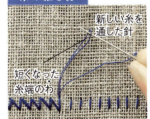

01 糸が針よりプラス2～3cmの長さになったら針を抜き、新しい糸を通す。短くなった糸端のわに針を通す。

02 糸を引き、新しい糸端のわに針を通す。

03 短くなった糸と新しい糸がつながった。新しい糸の端は短くなった糸端のわよりも長くなるように整え、指で押さえておく。

04 それまでと同様に刺し進める。糸端はそれぞれ1～2mm残してカットして始末する。

ステッチの種類と刺し方

メインステッチ

基本となるメインステッチは、ジグザグ模様①②と1本線模様③④の4種類があります。それぞれ、ぐるりと一周する場合は、出発点（A）と折り返し点（R）が同じ地点になります（A=R）。フェズ刺繍の基本的なステッチなので、作品作りに入る前に刺せるようにしておきましょう。

> **Attention**
> 刺し方図の表記について
>
> ―― … 往路で表面に現れるステッチ
> （＝復路で裏面に現れるステッチ）
>
> ---- … 復路で表面に現れるステッチ
> （＝往路で裏面に現れるステッチ）

メインステッチ①（ジグザグ模様）

フェズ刺繍の基本的なステッチ。往路で斜めのステッチを刺す場合は、復路で縦のステッチを刺します。

刺し方図

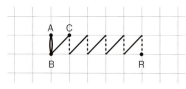

※1目＝織り糸4×4本

完成（表）

完成（裏）

往路

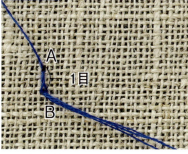

01 布の表側からAに刺し、下に1目（織り糸4本）数えてBから針を出す。糸を引き、糸端のわに針をくぐらせる。

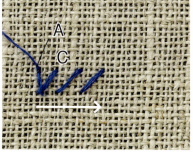

02 Aから右に1目数え、Cに刺す。同様に斜めのステッチを刺す。

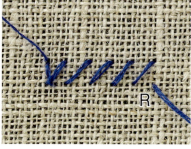

03 Rまで刺したら往路のできあがり。

復路

04 Rで折り返し、復路を刺し始める。一つ前の目に刺す。

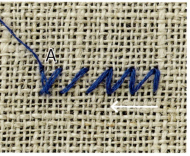

05 同様に縦のステッチを刺す。Aまで戻り、糸を始末する。

Point
表

AとBの位置を入れ替えると、斜めのステッチの向きが逆になる。

メインステッチ②（ジグザグ模様を一周）

ぐるりと一周するステッチ。Aから往路を刺し始め、Rで折り返してAまで復路を刺してできあがりです。

刺し方図

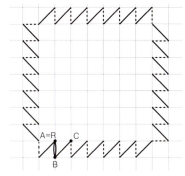

※1目＝織り糸4×4本

完成（表）

完成（裏）

往路

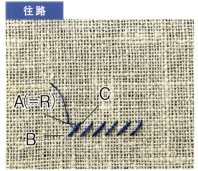

01 P.24の01、02を参照して下辺の端まで刺す。

02 同様に右辺を刺す。

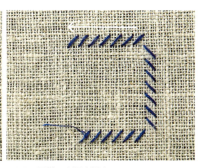

03 同様に上辺を刺す。

復路

04 同様に左辺、下辺を反時計回りにR（＝A）まで刺したら往路のできあがり。

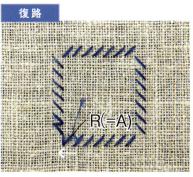

05 Rで折り返し、復路を刺し始める。

06 時計回りに復路を刺す。A（＝R）まで戻り、糸を始末する。

メインステッチ③（1本線模様）

1本線上に進むステッチです。ここでは斜めに進みますが、垂直、水平に進むこともあります。

刺し方図

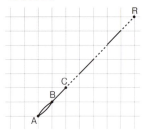

※1目＝織り糸4×4本

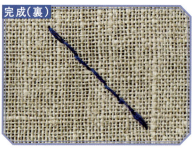

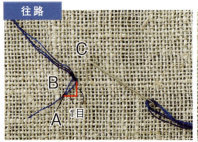

01 布の表側からAに刺し、右に1目（織り糸4本）、さらに上に1目数えてBから針を出す。糸を引き、糸端のわに針をくぐらせる。続けてCに刺す。

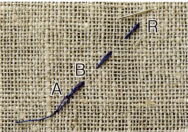

02 同様に斜めのステッチで往路を刺す。Rまで刺したら往路のできあがり。

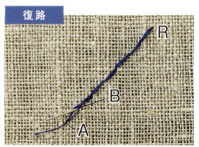

03 Rで折り返し、復路を刺す。Bは刺し始めのわに針を通す。Aまで戻り、糸を始末する。

メインステッチ④（1本線模様を一周）

単体で使うことはありませんが、四方、または八方にサブステッチがついたモチーフの軸になります。

刺し方図

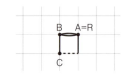

※1目＝織り糸4×4本

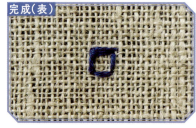

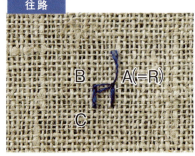

01 布の表側からA（=R）に刺し、右に1目（織り糸4本）数えてBから針を出す。糸を引き、糸端のわに針をくぐらせる。続けてCに刺す。反時計回りにR（=A）まで刺したら往路のできあがり。

02 R（=A）で折り返し、時計回りに復路を刺す。

03 Bは刺し始めのわに針を通す。A（=R）まで戻り、糸を始末する。

26

メインステッチにサブステッチを刺す

軸となるメインステッチからサブステッチを派生させてモチーフを広げていきます。サブステッチは、メインステッチの復路で刺します。サブステッチを往復して完成させたら、再びメインステッチの復路に戻ります。
こちらもフェズ刺繍の基本的なステッチです。繰り返し練習しましょう。

メインステッチ①(ジグザグ模様)の上にサブステッチ

●(交点)はサブステッチの出発点です。メインステッチと同様にRで折り返し、●まで戻ってサブステッチのできあがりです。

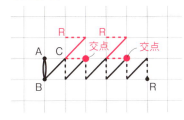

刺し方図

※1目=織り糸4×4本

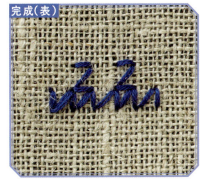

完成(表)　完成(裏)

メインステッチの往路

01 P.24の01〜03を参照してメインステッチの往路を刺す。

メインステッチの復路

02 Rで折り返し、1つ目の●までメインステッチの復路を刺す。

サブステッチの往復

03 ●から1つ目のサブステッチ(刺し方図のピンクのステッチ)の往路を刺す。

04 Rまで刺したらサブステッチの往路のできあがり。

05 Rで折り返し、サブステッチの復路を刺す。

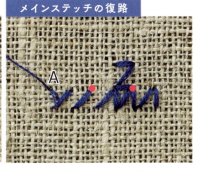

メインステッチの復路

06 ●まで戻る。1つ目のサブステッチのできあがり。メインステッチの復路に戻り、2つ目の●からサブステッチを往復して刺す。Aまで戻り、糸を始末する。

メインステッチ①（ジグザグ模様）の上下にサブステッチ

モチーフが複雑になってきたら、サブステッチの形をよく見ましょう。
このモチーフの場合は、メインステッチに上下対称のサブステッチがついている、と考えると刺しやすくなります。

刺し方図

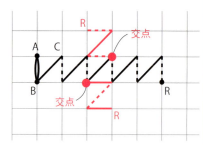

※1目＝織り糸4×4本

完成（表）

完成（裏）

メインステッチの往路

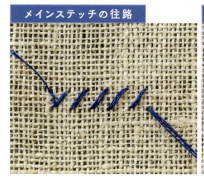

01 P.24の01〜03を参照してメインステッチの往路を刺す。

メインステッチの復路

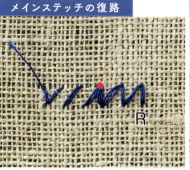

02 Rで折り返し、上の●までメインステッチの復路を刺す。

サブステッチの往復

03 ●から上のサブステッチ（刺し方図のピンクのステッチ）の往路を刺す。

04 Rで折り返し、サブステッチの復路を刺す。

05 ●まで戻る。上のサブステッチのできあがり。

サブステッチの往復

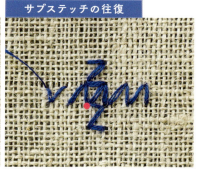

06 メインステッチの復路に戻り、下の●から03〜05と同様にサブステッチを往復して刺す。このとき、刺し方図の──と----は上のサブステッチと逆転する。再びメインステッチの復路を刺す。Aまで戻り、糸を始末する。

メインステッチ③（１本線模様）の左右にサブステッチ

P.28と同様に、メインステッチに左右対称のサブステッチがついたモチーフ。
交点に複数のサブステッチがついている場合は、ひとつずつ完成させましょう。

刺し方図

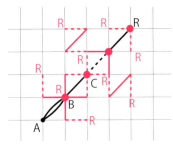

※1目＝織り糸4×4本

完成（表）　完成（裏）

メインステッチの往路

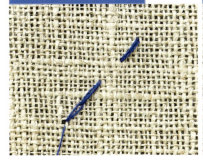

01 P.26のメインステッチ③01を参照して、メインステッチの往路を刺す。

サブステッチの往復

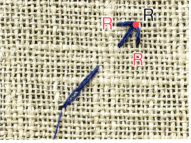

02 Rは●にもなっているので、サブステッチ（刺し方図のピンクのステッチ）を往復して刺す。

メインステッチの復路、サブステッチの往復

03 メインステッチの復路に戻り、●から左のサブステッチを往復して刺す。

04 同様に右側のサブステッチも往復して刺す。

メインステッチの復路

05 再びメインステッチの復路を刺す。

06 ●を通るたびにサブステッチを往復して左右対称に刺す。Aまで戻り、糸を始末する。

メインステッチ④（１本線模様）の八方にサブステッチ

メインステッチ④を中心に、右上と右のサブステッチを時計回りに４回繰り返します。

刺し方図

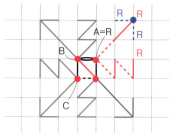

※１目＝織り糸4×4本

完成（表）

完成（裏）

メインステッチの往路、サブステッチの往復

01 P.26のメインステッチ④01を参照してメインステッチの往路を刺す。R(=A)は●にもなっているので、サブステッチ（刺し方図のピンクのステッチ）の往路を刺す。同様に、●からサブステッチ（刺し方図の青のステッチ）を往復して刺す。

02 サブステッチ（ピンク）の復路を刺し、●まで戻る。

03 ●から右のサブステッチ（ピンク）の往路を刺す。

メインステッチの復路、サブステッチの往復

04 Rで折り返して復路を刺し、●まで戻る。メインステッチ外側のサブステッチ1/4のできあがり。

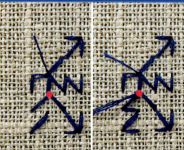

05 メインステッチの復路を刺しながら、01〜04を参照して右下と下のサブステッチを刺す。サブステッチ2/4のできあがり。

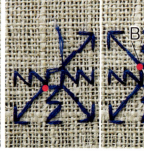

06 同様に、メインステッチの復路を刺しながら左下と左(3/4)、左上と上(4/4)のサブステッチを往復して刺す。Bから中心のサブステッチを往復して刺し、A(=R)まで戻り、糸を始末する。

刺し方図の見かた

本書では、作品全体を表したものを「図案」、刺し方を解説したものを「刺し方図」と呼びます。
刺し方図はステッチごとに色を分けて表記しています。以下を参照して順番通りに刺しましょう。

ステッチを刺す順番

メインステッチ
① ー（黒）
サブステッチ
② ー（ピンク）…メインステッチ（黒）の復路で●から刺し始める
③ ー（青）…サブステッチ（ピンク）の復路で●から刺し始める
④ ー（黄）…サブステッチ（青）の復路で●から刺し始める
⑤ ー（緑）…サブステッチ（黄）の復路で●から刺し始める
⑥ ー（ベージュ）…サブステッチ（緑）の復路で●から刺し始める

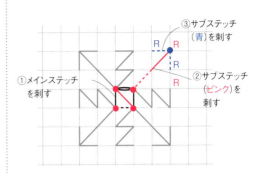

メインステッチ④の八方にサブステッチ（P.30）の刺し方図の見かた

メインステッチ④からサブステッチが八方に広がるモチーフの刺し方図は、全体の1/4を表記しています。
メインステッチの外側に広がるサブステッチは、1/4の図案を時計回りに4回繰り返すことでできあがります。
慣れないうちは、刺繍枠を反時計回りに90度ずつ回転させてサブステッチを刺します。
慣れてきたら、P30のように回転させずに刺しましょう。

刺繍枠を回転させる刺し方

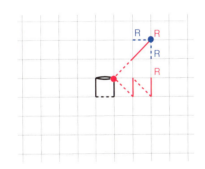

01 刺し方図通りに右上と右のサブステッチを刺す。サブステッチ1/4のできあがり。

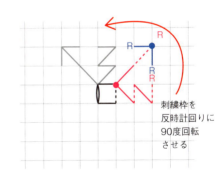

02 刺繍枠を反時計回りに90度回転させて、右下と下のサブステッチを刺す。サブステッチ2/4のできあがり。

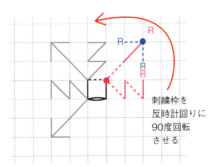

03 同様に、刺繍枠を回転させて、左下と左のサブステッチを刺す。サブステッチ3/4のできあがり。

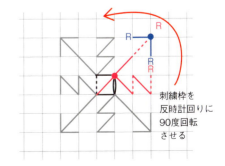

04 同様に、刺繍枠を回転させて、左上と上のサブステッチを刺す。サブステッチの刺し終わり。

LESSON 1

基本的なステッチを組み合わせて

基本的なステッチを組み合わせて作品を作りましょう。
ひとつずつ単純なモチーフに見えますが、基本の要素がしっかりと詰まっています。

コースターA

基本的なステッチを組み合わせるだけでできるコースター。
刺し方を確認しながら、1目ずつ裏表交互に刺すリズム感を身につけましょう。
how to make >> P.34

コースターB
ひとつのサブステッチを繰り返し刺したモチーフを使ったコースター。
連続模様はフェズ刺繍の特徴のひとつです。
how to make >> P.38

how to make
コースターA   できあがりサイズ（概寸）　10×10cm

材料

麻平織り布（織り糸8本／1cm）・・・・・20×20cm（ナチュラル）
25番刺繍糸・・・・・820（ダークブルー）

作り方

1　刺繍を刺す。
　①　　　周りのモチーフを刺す。
　②〜⑤　内側のモチーフを4本刺す。
　⑥　　　中心のモチーフを刺す。

2　周りをカットし、フリンジに仕上げる。　→P.46参照

刺し方図

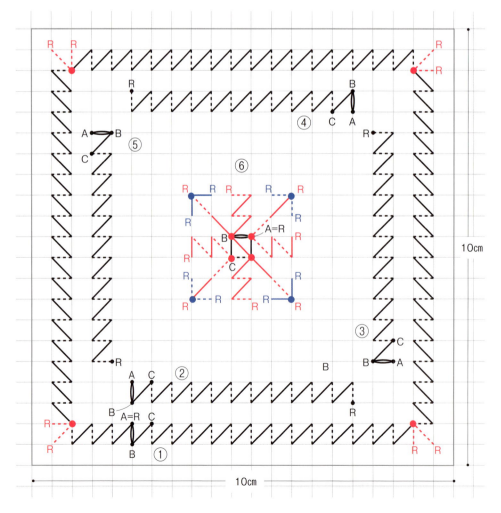

※1目＝織り糸4×4本

① 周りのモチーフを刺す　→P.25参照

メインステッチの往路

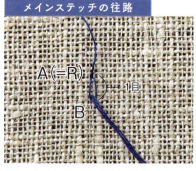  

01 メインステッチの往路を刺し始める。布の表側からA(=R)に刺し、下に1目(織り糸4本)数えてBから針を出す。糸を引き、糸端のわに針をくぐらせる。

02 Aから右に1目(織り糸4本)数え、Cに刺す。

03 そのまま下辺の端まで刺す。

04 下辺の右端まで刺したら、右辺を刺す。

05 右辺の端まで刺したら、上辺を刺す。

06 上辺の端まで刺したら、左辺を刺す。

07 下辺をR(=A)まで刺す。

08 メインステッチの往路のできあがり。

メインステッチの復路　　**サブステッチの往復**

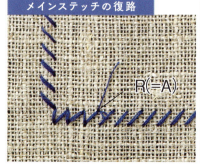 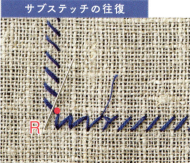 

09 R(=A)で折り返し、復路を刺し始める。

10 ●から1つ目のサブステッチ(刺し方図のピンクのステッチ)を往復して刺す。

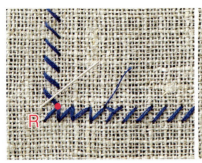

11 2つ目のサブステッチ（ピンク）も同様に刺す。

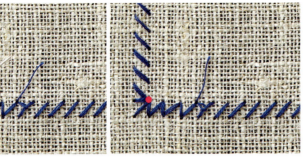

メインステッチの復路

12 再びメインステッチの復路に戻り、左辺の端まで刺す。

サブステッチを刺す

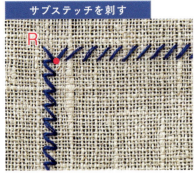

13 ●から10〜11と同様にサブステッチを往復して刺す。

メインステッチの復路の続き

14 再びメインステッチの復路に戻り、●を通るたびにサブステッチを往復して刺す。A（=R）まで戻り、糸を始末する。

15 ①のできあがり。

裏側。

②〜⑤　内側のモチーフを刺す →P.24参照

②メインステッチの往復

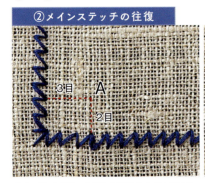

01 ①の下辺、左辺と目が合うように織り糸を数えてAの位置を確認する。

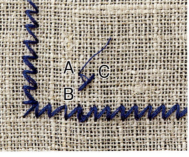

02 布の表側からAに刺し、Bから針を出す。糸を引いて糸端のわに針をくぐらせ、Cに刺す。

03 そのまま斜めのステッチでRまで刺す。※①の下辺と目が合っていることを確認しながら刺す。

04　Rで折り返し、縦のステッチで復路を刺す。

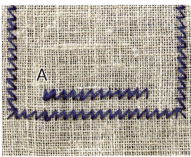

05　Aまで戻り、糸を始末する。②のできあがり。

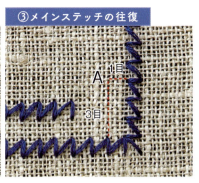

③ メインステッチの往復

06　01と同様に①の下辺、右辺と目が合うようにAの位置を確認する。

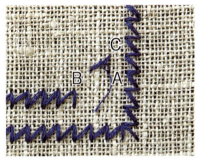

07　布の表側からAに刺し、Bから針を出す。糸を引いて糸端のわに針をくぐらせ、Cに刺す。

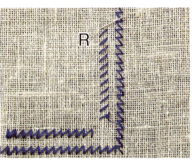

08　そのまま斜めのステッチでRまで刺す。

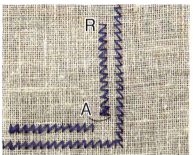

09　Rで折り返し、横のステッチで復路を刺す。Aまで戻り、糸を始末する。③のできあがり。

④ メインステッチの往復

10　④も同様に、A、Rの位置を確認しながら往復して刺す。

⑤ メインステッチの往復

11　同様に⑤を刺す。②〜⑤のできあがり。

裏側。

⑥　中心のモチーフを刺す　→P.30参照

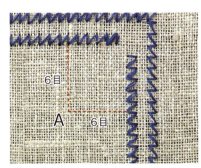

③、④と目が合うように織り糸を数えてAの位置を確認し、刺し始める。

⑥のできあがり。

裏側。

37

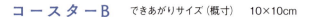

how to make

コースターB

できあがりサイズ（概寸） 10×10cm

材料

麻平織り布（織り糸8本／1cm）・・・・・20×20㎝（ナチュラル）
25番刺繍糸・・・・・820（ダークブルー）

作り方

1 刺繍を刺す。
　① 周りのモチーフを刺す。
　② 中心のモチーフを刺す。

2 周りをカットし、フリンジに仕上げる。　→P.46参照

刺し方図

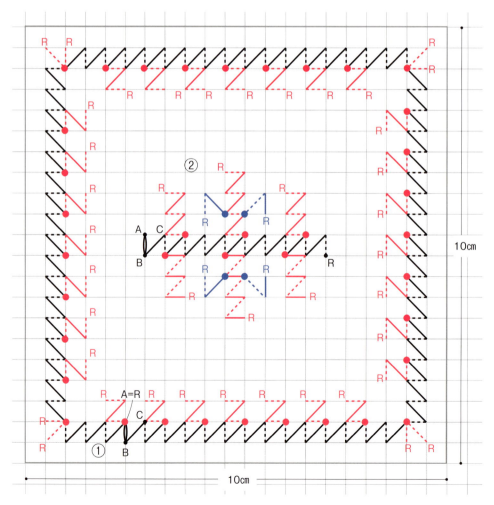

※1目＝織り糸4×4本

① 周りのモチーフを刺す　→P.25、27参照

メインステッチの往路

01 P.35の01〜08を参照してメインステッチの往路を刺す。

サブステッチの往復

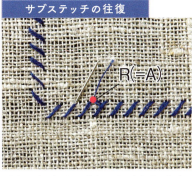

02 R(=A)は●にもなっているので、サブステッチ(刺し方図のピンクのステッチ)の往路を刺す。

03 Rで折り返し、サブステッチの復路を刺す。

04 ●まで戻る。サブステッチのできあがり。

メインステッチの復路

05 メインステッチの復路に戻る。

サブステッチの往復

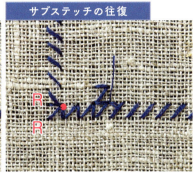

06 ●からサブステッチ(ピンク)を往復して刺す。

メインステッチの復路

07 再びメインステッチの復路に戻る。

08 ●から02〜04を参照してサブステッチを往復して刺す。メインステッチの復路を刺しながら、サブステッチを往復して刺す。

09 A(=R)まで戻り、糸を始末する。①のできあがり。

裏側。

② 中心のモチーフを刺す　→P.28参照

刺し方図

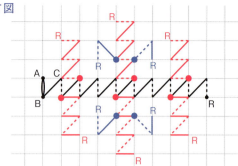

| メインステッチの往路 | | メインステッチの復路 |

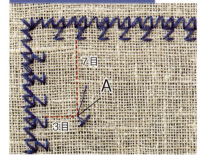 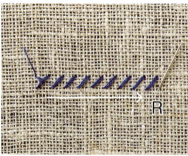 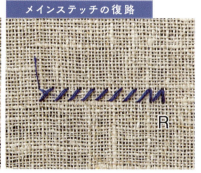

01　①の左辺、上辺と目が合うように織り糸を数えてAの位置を確認し、刺し始める。

02　Rまで刺したら、メインステッチの往路のできあがり。

03　Rで折り返し、復路を刺す。

| サブステッチの往復 | | メインステッチの復路 |

04　●からサブステッチ（刺し方図のピンクのステッチ）の往路を刺す。

05　Rで折り返してサブステッチの復路を刺し、●まで戻る。サブステッチのできあがり。

06　メインステッチの復路に戻る。

| サブステッチの往復 | | メインステッチの復路 |

07　●からサブステッチの往路を刺す。

08　Rで折り返してサブステッチの復路を刺し、●まで戻る。サブステッチのできあがり。

09　メインステッチの復路に戻る。

サブステッチの往復

10 ●からサブステッチの往路を刺す。

11 Rで折り返し、●からサブステッチ（刺し方図の青のステッチ）の往路を刺す。

12 Rで折り返してサブステッチ（青）の復路を刺し、●まで戻る。サブステッチ（青）のできあがり。

13 再びサブステッチ（ピンク）の復路に戻り、●からサブステッチ（青）を往復して刺す。

14 再びサブステッチ（ピンク）の復路に戻り、●まで戻る。サブステッチ（ピンク）のできあがり。

メインステッチの復路、サブステッチの往復

15 再びメインステッチの復路に戻り、●からサブステッチの往路を刺す。

16 11〜14と同様に、サブステッチを往復して刺す。

メインステッチの復路

17 再びメインステッチの復路に戻る。

サブステッチの往復

18 ●から04〜08を参照してサブステッチ（ピンク）を往復して刺す。

メインステッチの復路

19 Aまで戻り、糸を始末する。②のできあがり。

裏側。

コースターC

対角線を中心に左右対称になるモチーフ。1目の織り糸の数を変えると同じ布でもニュアンスの異なる作品に仕上がります。
how to make >> P.43

a

c

b

how to make
コースターC

できあがりサイズ（概寸） **a** 10×10cm ／ **b** 12×12㎝ ／ **c** 7.5×7.5㎝

材料

麻平織り布（織り糸8本／1cm）‥‥‥20×20cm
25番刺繍糸‥‥‥820（ダークブルー）

作り方

1 刺繍を刺す。
　① 周りのモチーフを刺す。
　②〜⑤ 四方のモチーフを刺す。
　⑥ 中心のモチーフを刺す。

2 周りをカットし、フリンジに仕上げる。　→P.46参照

刺し方図

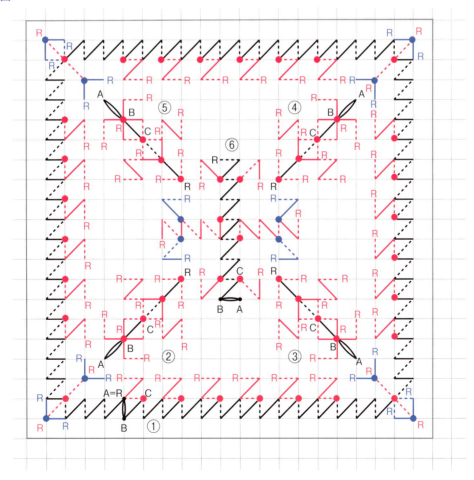

※**a**／1目＝織り糸4×4本
　b／1目＝織り糸5×5本
　c／1目＝織り糸3×3本

① 周りのモチーフを刺す　→P.25、27参照

メインステッチの往路

01 メインステッチの往路を刺し始める。A（=R）から刺し始め、下辺の端まで刺し、右辺に進む。

02 同様に右辺から上辺に進む。

03 R（=A）まで刺したら、メインステッチの往路のできあがり。

メインステッチの復路、サブステッチの往復

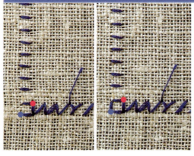

04 メインステッチの復路を刺し始める。●から外側のサブステッチ（刺し方図のピンクのステッチ）を刺すと同時に、●からサブステッチ（青）を往復して刺す。

05 ●まで戻る。外側のサブステッチのできあがり。

06 同様に、内側のサブステッチを刺す。

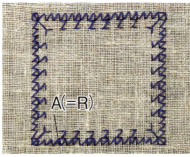

07 メインステッチ復路に戻り、●を通ったらサブステッチを往復して刺す。左上と右下の角はサブステッチ（青）が増える。

08 A（=R）まで戻り、糸を始末する。①のできあがり。

裏側。

②〜⑤ 四方のモチーフを刺す　→P.29参照

01 ①と目が合うように織り糸を数えてAの位置を確認し、刺し始める。四方それぞれにモチーフを刺す。

02 糸を始末する。②〜⑤のできあがり。

裏側。

⑥ 中心のモチーフを刺す →P.28参照

刺し方図

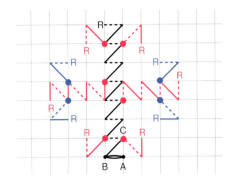

| メインステッチの往路 | メインステッチの復路、サブステッチの往復 | |

01 ①、③と目が合うように織り糸を数えてAの位置を確認し、メインステッチの往路を刺し始める。

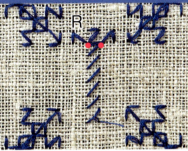

02 Rで折り返し、復路を刺し始める。●からサブステッチ（ピンク）を往復して刺す。

03 再びメインステッチの復路に戻る。

04 ●からサブステッチ（ピンク）の往路を刺す。

05 Rで折り返し、●からサブステッチ（青）を往復して刺す。●までサブステッチ（ピンク）の復路を刺す。

06 右側も04、05と同様に刺す。

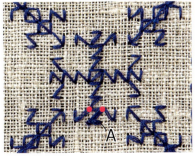

07 メインステッチの復路に戻る。●を通ったらサブステッチ（ピンク）を往復して刺す。Aまで戻り、糸を始末する。⑥のできあがり。

裏側。

POINT LESSON

フリンジの仕上げ方

刺し終えたら、刺繍枠をはずしてアイロンをかけ、
周りをカットして糸を抜き、フリンジ状にして端を始末します。
厚手の布を使った作品や洗濯をしない作品に向いた始末の仕方です。

01 外側のモチーフから1目外側(ここでは織り糸4本)にまち針を刺す。

02 4辺全てに刺す。
※ここではわかりやすいように周りを粗裁ちしました。

03 まち針の1本外側の織り糸にまち針をかけ、糸端を引き出す。

04 織り目と平行に、そのまま糸を引き抜く。

05 同様に残りの3辺も織り糸を引き抜く。糸を引き抜いたところ。

06 織り糸を引き抜いた部分をカットする。

07 まち針で端の織り糸を1本引き出し、そのまま抜く。

08 同様に2本目を引き抜く。

09 同様に残りの3辺も織り糸を2本引き抜く。

COLUMN

フェズ刺繍の模様

　モロッコはイスラム教国家です。イスラム教では偶像崇拝が禁止されているため、人や動物を特定するモチーフは好まれません。歴史は中で建造物や装飾品に彩りを添えてきたのが、アラベスク模様の代表ともいわれる幾何学模様、蔓草（植物）模様、文字模様です。特に幾何学模様のうち、中心から八方に伸びた模様や、小さなモチーフをいくつも繰り返した模様は無限の広がりを意味し、フェズ刺繍でも好んで使われてきました。

　現在、モロッコの各地で売られている刺繍製品などには、似たようなモチーフが見られます。ワンポイントとして使われたもの、ライン状に繰り返されたモチーフなど、似た構成のモチーフが多くありますが、地域によって違いがあるのは、刺繍を教えていた各学校の方針や、使われていた教材の影響があったようです。実際に学校で刺繍を習っていた方に話を伺うと、幾何学的なモチーフには、具象の意味はないという方もいれば、預言者モハメッドの娘を象徴するファティマの手、アッツァイ（お茶）コップ、鳥など何十種類もの決まったパターンがあったという人もいました。それも学校の先生によって教え方が違ったためかもしれません。

　フェズでは、他の地域よりイスラム装飾に忠実な色、模様で刺されたれたものが多く見られます。青は平和、緑はイスラムの聖なる色、赤は預言者モハメッドの色として好まれ、それぞれ一色または同系の2色で刺すことが多いようです。

　また博物館等では18〜19世紀頃の、シルクや金銀糸などをふんだんに使った豪華な布製品が展示されていることもあり、華やかだった時代を垣間見ることもあります。

緑の濃淡2色で刺されたテーブルクロス。

お茶用のナプキン。緑の糸で刺されたものはファティマの手を表しているようです。

ファティマの手。モロッコでは魔除けのお守りとしてドアノッカー、ペンダント、ピアスなどに使われます。

星と植物を反復させた模様の布。周りのタッセルが豪華に刺繍を彩ります。

ティーマットA
基本のコースターをマスターしたら、大きな作品に挑戦してみましょう。
how to make >> P.49

how to make
ティーマットA できあがりサイズ（概寸） 32.5×44.5cm

材料
麻平織り布（織り糸8本／1cm）・・・・・40×50cm（ナチュラル）
25番刺繍糸・・・・・820（ダークブルー）

作り方
1 刺繍を刺す。
   ① 周りのモチーフを刺す。 →P.24参照
   ② 角のモチーフを刺す。 →P.30参照
   ③〜⑧ 周りのモチーフと角のモチーフを交互に刺す。 →P.24、30参照
   ⑨〜⑫ 内側のモチーフを刺す。 →P.27参照
   ⑬ 中心のモチーフを刺す。 →P.51参照
2 周りをカットし、ステッチでかがる。 →P.56参照

図案

①〜⑫刺し方図

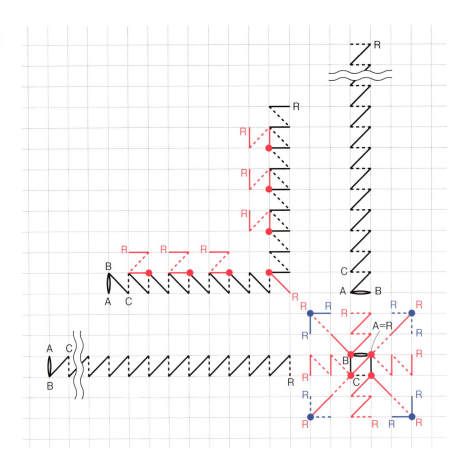

⑬刺し方図

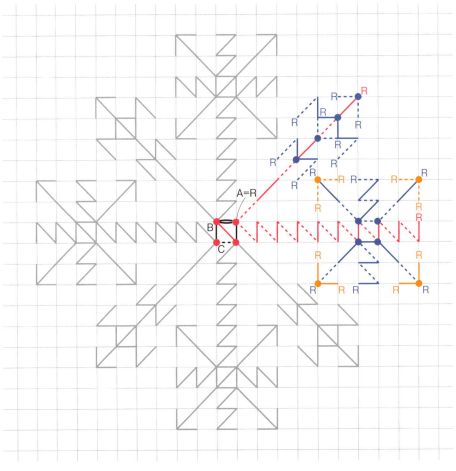

⑬　中心のモチーフを刺す　　→P.30のアレンジ

| メインステッチの往路 | メインステッチの復路、サブステッチの往復 |

01 A(=R)から刺し始め、B→Cの順にR(=A)までメインステッチの往路を刺す。

02 ●からRまで右上のサブステッチ（刺し方図のピンクのステッチ）の往路を刺す。

03 ●からサブステッチ（刺し方図の青のステッチ）を往復して完成させながら●までサブステッチ（ピンク）の復路を刺す。

04 ●から右のサブステッチ（ピンク）の往路を刺す。

05 Rで折り返し、サブステッチ（ピンク）の復路を刺す。●からサブステッチ（青）、●からサブステッチ（黄）を往復して刺す。

06 05と同様に、下側も刺す。

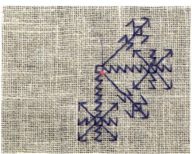

07 サブステッチ（ピンク）の復路に戻り、サブステッチ（青）と（黄）を往復して刺す。再び、サブステッチ（ピンク）の復路を刺し、●まで戻る。

08 02～07を参照して右下、下のサブステッチを刺す。

09 同様に左下、左のサブステッチを刺す。

10 同様に左上、上のサブステッチを刺し、中心のサブステッチ（ピンク）を往復して刺す。

11 A(=R)まで戻り、糸を始末する。⑬のできあがり。

裏側。

ティーマットB

中心の模様のメインステッチが変形になりましたが、
刺し方のルールは変わりません。P.55で確認しましょう。
how to make >> P.53

how to make

ティーマットB　　できあがりサイズ（概寸）　32.5×44.5cm

材料

麻平織り布（織り糸8本／1cm）・・・・・40×50cm（ナチュラル）
25番刺繍糸・・・・・・820（ダークブルー）

作り方

1　刺繍を刺す。
　　①　　周りのモチーフを刺す。　→P.28参照
　　②　　角のモチーフを刺す。　→P.29参照
　　③〜⑧　周りのモチーフと角のモチーフを交互に刺す。　→P.28、29参照
　　⑨　　中心のモチーフを刺す。　→P.55参照
2　周りをカットし、ステッチでかがる。　→P.56参照

図案

端から布を巻き、ステッチでかがる

⑨刺し方図

①〜⑧刺し方図

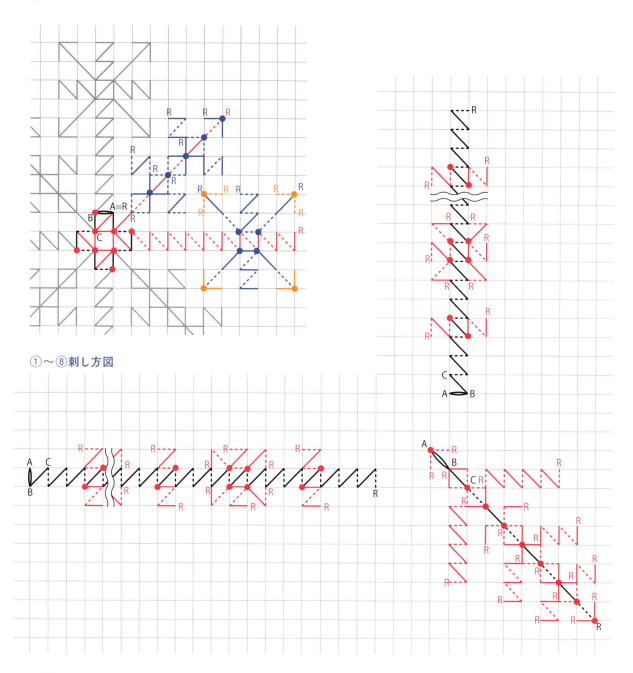

※1目＝織り糸4×4本

⑨　中心のモチーフを刺す　→P.30のアレンジ

メインステッチの往路	メインステッチの復路、サブステッチの往復	

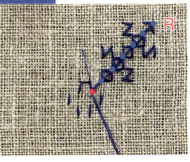

01 A(=R)から刺し始め、B→Cの順にR(=A)までメインステッチの往路を刺す。

02 ●からRまで右上のサブステッチ（刺し方図のピンクのステッチ）の往路を刺す。

03 ●からサブステッチ（青）を往復して刺しながらサブステッチ（ピンク）の復路を刺す。

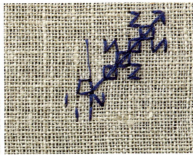

04 ●からメインステッチ内側のサブステッチ（ピンク）も往復して刺す。

05 メインステッチの復路を刺す。

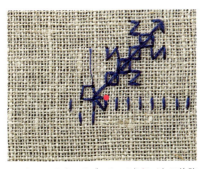

06 ●から右のサブステッチ（ピンク）の往路を刺す。

07 Rで折り返し、サブステッチ（ピンク）の復路を刺す。●からサブステッチ（青）、●からサブステッチ（黄）を往復して刺す。

08 メインステッチの復路に戻り、02～07を参照して右下、下のサブステッチを刺す。

09 同様に左下、左のサブステッチを刺す。

10 同様に左上、上のサブステッチを刺す。A(=R)まで戻り、糸を始末する。⑨のできあがり。

裏側。

POINT LESSON

布端をステッチでかがる仕上げ方

刺し終えたら刺繍枠をはずしてアイロンをかけ、
周りをカットして、端をステッチでかがりながら始末します。
布を巻いてステッチでとめるため、薄地～普通地の布を使った作品に適しています。

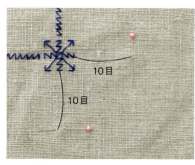

01 外側のモチーフから10目外側の4辺全てにまち針を刺す。

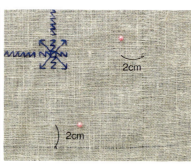

02 まち針から2cm外側の織り糸を、4辺全て引き抜く(P.46参照)。

03 織り糸を引き抜いた位置で布をカットする。

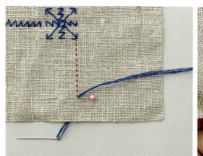

04 まち針を刺したところに、25番刺繍糸を通した針を刺す。このとき、外側のモチーフと目を合わせる。

05 まち針を外し、糸の位置まで布端をきつめに巻く。

06 糸端のわに針を通し、糸を垂直に引く。

07 糸端は針先で布と一緒に巻き込む。

08 04で針を通した位置から1目(ここでは織り糸4本)左に針を刺し、巻いた布の端から出す。

09 右側の糸のわに針を通し、垂直に引く。1目刺せた。

10 同様に布端を巻きながら、角から2cm手前まで刺し進める。布の向きを変え、次に進む辺の布端をまち針まできつめに巻く。

11 角は針先を使い、角の布端がきれいに内側に入るように巻く。

12 最後に刺した10と同じ箇所から針を入れ、糸のわに通して角に出す。

13 角の斜めのステッチがずれないように、ひと針すくう。

14 13と同じ箇所に針を入れ、次に進む辺の布端から出し、糸のわに通して垂直に引く。角の始末ができた。1点から3方向に糸が渡る。

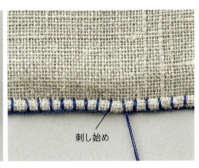

15 4辺全てかがり、刺し始めの1目手前まで刺す。

16 刺し始めの糸に針を通し、刺し始めと刺し終わりのステッチをつなげる。

17 刺し始めの糸の横に針を刺し、巻いた布端を通し、約3cmはなれたところから出す。

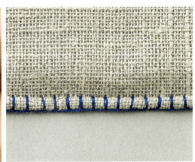

18 糸は布の際で糸をカットする。

LESSON 2

布と糸をアレンジして

基本的なテクニックをマスターしたら、布や糸の色をかえたり、
モロッコ装飾の特徴であるタッセルなどをプラスして
彩りを加えてみましょう。

Attention
LESSON2以降の刺し方図は、全てのステッチを ―（実線）で表記します。

a

b

ヴィヴィッドコースター

大きなモチーフを中央に入れたコースター。
モチーフひとつで完成するので、短い時間で作れます。
how to make >> P.59

how to make
ヴィヴィッドコースター できあがりサイズ（概寸）　各14×14cm

材料

a 麻平織り布（織り糸5本／1cm）・・・・・20×20cm（グリーン）
  5番刺繍糸・・・・・600（マゼンダ）

b 麻平織り布（織り糸5本／1cm）・・・・・20×20cm（ピンク）
  5番刺繍糸・・・・・ECRU（ライトベージュ）

作り方

1 刺繍を刺す。
2 モチーフを中心に、できあがりサイズに周りをカットする。

図案

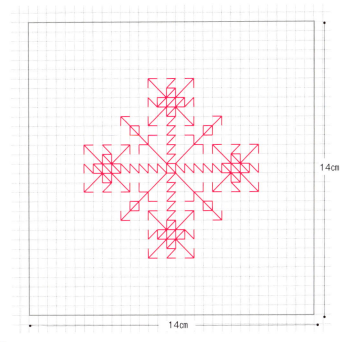

刺し方図

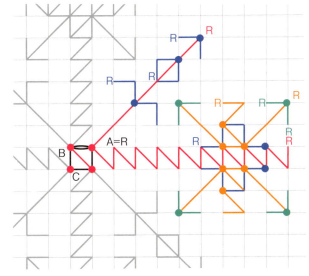

※1目＝織り糸2×2本

a

b

素材違いのコースター

同じ図案を異なる素材の布に刺し、
コースターに仕上げました。
布が変わると同じ模様でも、
違う表情になります。
how to make >> P.61

c

how to make
素材違いのコースター

できあがりサイズ（概寸）　**a** 9×9cm ／ **b** 10×10cm ／ **c** 11×12cm

材料

a
麻平織り布（織り糸5.5本／1cm）‥‥‥20×20cm（ホワイト）
5番刺繍糸‥‥‥820（ダークブルー）

b
ジャバクロス（2.5ブロック／1cm）‥‥‥20×20cm（ホワイト）
25番刺繍糸‥‥‥820（ダークブルー）

c
麻平織り布（織り糸縦4.5本×横4本／1cm）‥‥‥20×20cm（ナチュラル）
25番刺繍糸‥‥‥820（ダークブルー）

作り方

1 刺繍を刺す。
　①周りのモチーフを刺す。
　②四方のモチーフを刺す。→P.43参照
2 周りをカットし、フリンジに仕上げる。
　→P.46参照

図案

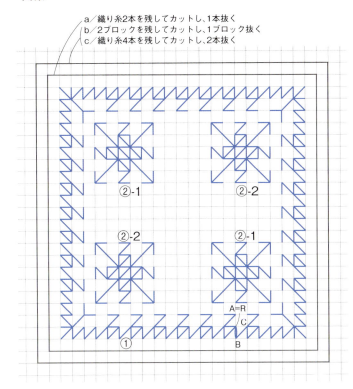

a／織り糸2本を残してカットし、1本抜く
b／2ブロックを残してカットし、1ブロック抜く
c／織り糸4本を残してカットし、2本抜く

②-1 刺し方図

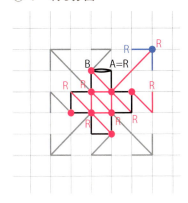

②-2 刺し方図

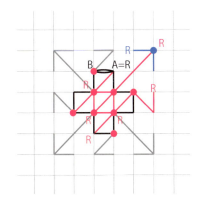

※ **a**／1目＝織り糸2×2本
　b／1目＝1×1ブロック
　c／1目＝織り糸2×2本

アクセサリートレイ

素材違いのコースター（P.60）の図案をアレンジし
立体的なトレイに仕上げました。
お気に入りのアクセサリーや小物を入れて。
how to make >> P.64

how to make
アクセサリートレイ

できあがりサイズ(概寸)　**a** 11×11×4cm ／ **b** 9.5×9.5×3cm

材料

a
麻平織り布(織り糸5本／1cm)・・・・・20×20cm(ブラウン)
5番刺繍糸・・・・・820(ダークブルー)、BLANC(オフホワイト)

b
麻平織り布(織り糸5本／1cm)・・・・・20×20cm(ホワイト)
5番刺繍糸・・・・・820(ダークブルー)、814(ワインレッド)

作り方

1　トレイ底の刺繍を刺す。
2　布端はステッチで刺しとめる。　→P.65参照
3　**a**は指定の位置にひもを作って結ぶ。**b**は指定の位置を縫いとめる。　→P.65参照

刺し方図

→P.61参照

a 配置図

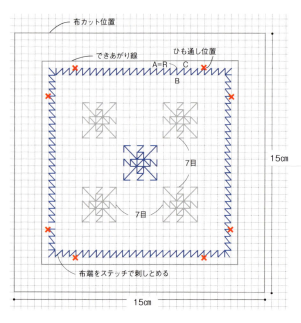

b 配置図

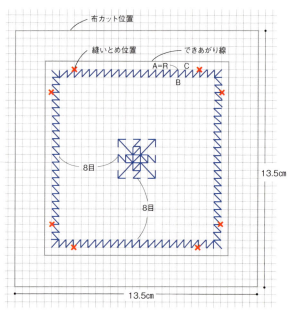

※ 1目＝織り糸2×2本

a 仕上げ方

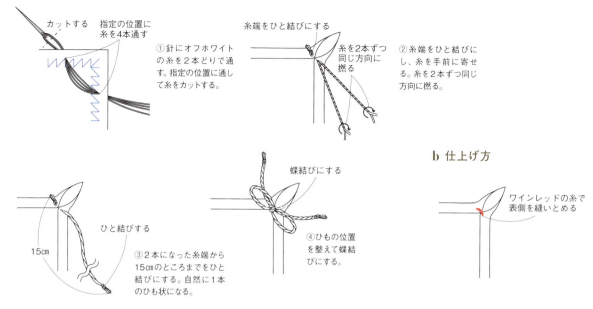

b 仕上げ方

POINT LESSON

布端をステッチで刺しとめる仕上げ方

周囲を裏側に折り、2枚一緒に刺繍してとめます。
厚さのある布に適した仕上げ方です。

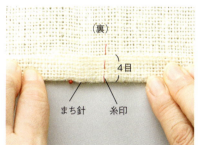

01 できあがりの位置にまち針をとめ、4目外側をカットする。別糸でまち針と垂直に交わるように縫い、糸印にする。糸印が合うように折る。

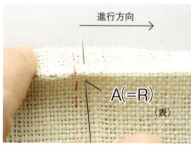

02 糸印から進行方向に1目横に、表裏の目が合うように表からA(=R)に刺す。

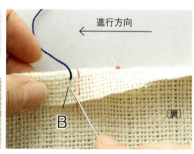

03 裏に返し、Bに刺す。

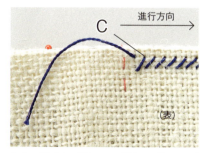

04 再び表に返し、Cに刺す。同様に1目ずつ布を表裏に返しながら往路を刺す。

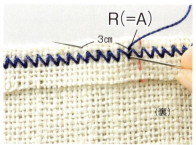

05 ぐるりと一周してR(=A)まで刺したら復路を刺す。刺し終わりはBに刺してから、A(=R)から3cm離した折り目に出す。糸は布の際でカットする。

06 まち針で端の織り糸を2本引き出し、そのまま抜く。

グラスホルダー

クロスステッチ用テープを使ったグラスホルダー。
サイズに合わせて縫い合わせるだけなので
簡単に仕上がります。
how to make >> P.67

a   b   c

how to make

グラスホルダー　できあがりサイズ（概寸）　各2cm幅

材料

a・c 共通
クロスステッチ用テープ（6ブロック／1cm）・・・・・2cm幅（ホワイト）
25番刺繍糸・・・・・820（ダークブルー）

b
クロスステッチ用テープ（6ブロック／1cm）・・・・・2cm幅（ホワイト）
25番刺繍糸・・・・・322（ライトブルー）

その他
縫い糸（白）

作り方

1. グラスの外周にテープの長さを合わせ、刺繍が入る位置を確認し、印をつける。
2. 刺繍を刺す。
3. 両端に1cmの縫い代をつけてカットし、中表に合わせてテープの両端を縫う。

a 刺し方図

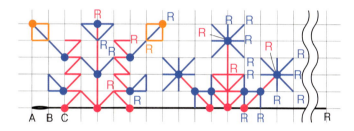

b 刺し方図

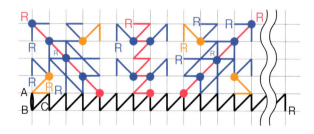

c 刺し方図

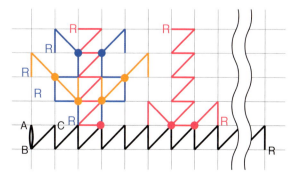

仕上げ方

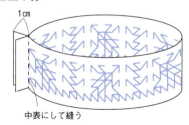

中表にして縫う

中表に合わせ、縫い代を1cmとってテープのテープの両端を縫い合わせる

※ 各1目＝2×2ブロック

ブックマーク

シンプルなラインステッチとモチーフのブックマーク。
素材のナチュラルを生かして、
切り落とした糸で小さなタッセルをつけました。
how to make >> P.69

how to make
ブックマーク

できあがりサイズ（概寸）　12×4.5cm

材料
麻平織り布（織り糸5本／1cm）・・・・・20×20cm（ブラウン）
5番刺繍糸・・・・・820（ダークブルー）

その他
かぎ針

作り方
1. 刺繍を刺す。
    ① 周りのモチーフを刺す。
    ② 中心のモチーフを刺す。
2. 周りをカットし、フリンジに仕上げる。　→P.46参照
   引き抜いた糸はタッセル用にとっておく。
3. リボンタッセルを付ける。

仕上げ方
① 刺繍糸を長さ35cmに4本カットし、2本ずつ撚り合わせてひも状にする。
② 2で引き抜いた織り糸7本の中心を①でひと結びし、刺繍糸を留め糸にしてタッセルを作る。　→P.76（縫い付けタッセルの作り方）参照
③ 本体の指定の位置に、かぎ針などを通して付ける。

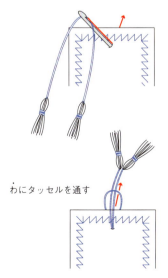

かぎ針にひもをかけて引き出す

わにタッセルを通す

図案/刺し方図

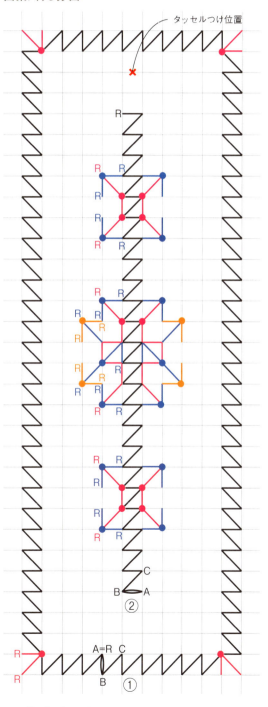

※ 1目＝織り糸2×2本

アクセサリーポーチ

ふたを開ければ、刺繍の裏側が楽しめるポーチ。
リバーシブルのフェズ刺繍ならではの
仕上げ方です。
how to make >> P.72

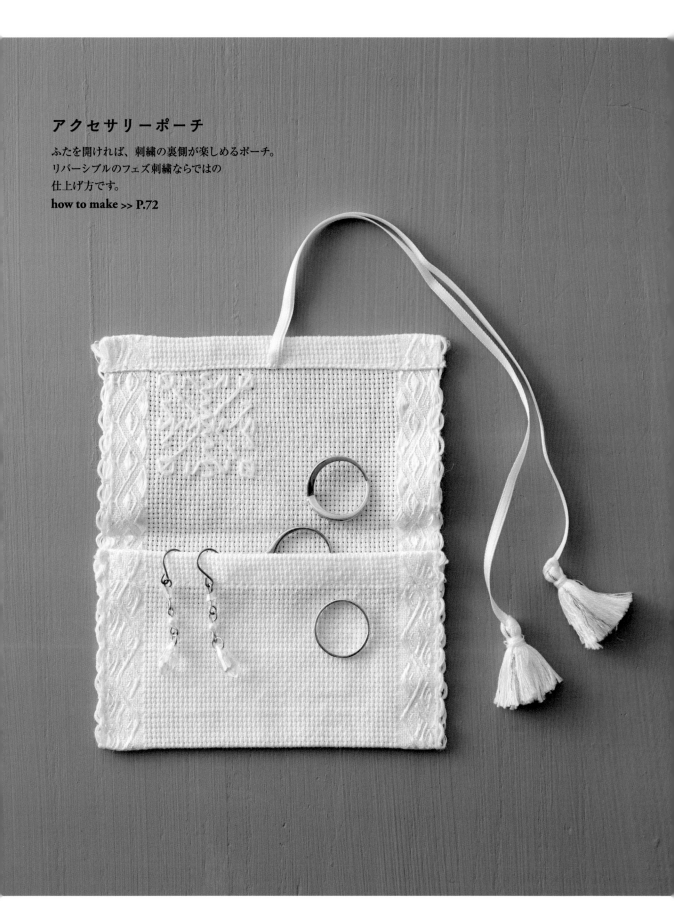

ミニ巾着

5cm幅のクロスステッチ用テープを使い、
小さな巾着にしました。
白糸のさりげないステッチをプラスして。
how to make >> P.73

how to make
アクセサリーポーチ
できあがりサイズ（ふたを閉じた状態で・概寸）　7×12cm

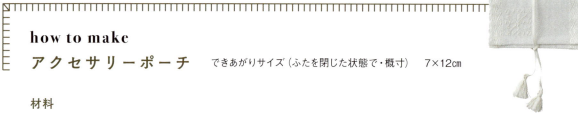

材料
クロスステッチ用テープ（6ブロック／1cm）・・・・・幅12cm×長さ24cm（ホワイト）
25番刺繍糸・・・・・BLANC（オフホワイト）、E168（シルバー）
サテンリボン・・・・・幅0.3cm×長さ50cm（ホワイト）

作り方
1　テープの両端を1cm幅の三つ折りにし、まつり縫い、またはミシンで縫う。
2　指定の位置にオフホワイトの糸で刺繍を刺す。
3　刺繍部分がふたになるように、全体を三つ折りにする。袋部分の両端を縫い合わせる。
4　リボンの両端に、リボンタッセルを作る。　→P.76（01で、指にオフホワイトの糸を7回、シルバーの糸を1回巻きつける）参照
5　4のリボンの中心を3のふた中央に裏から縫い付ける。

図案

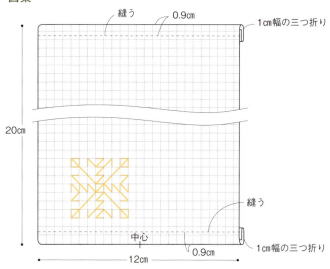

刺し方図

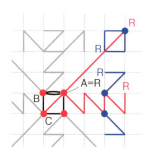

※ 1目＝3×3ブロック

仕上げ方

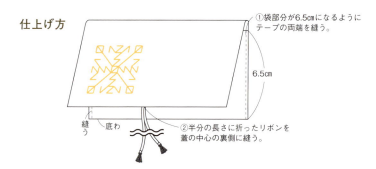

how to make

ミニ巾着　　できあがりサイズ（概寸）　9×5cm

材料

クロスステッチ用テープ（6ブロック／1cm）・・・・・幅5cm×長さ20cm（ホワイト）
5番刺繍糸・・・・・BLANC（オフホワイト）
サテンリボン・・・・・幅0.3cm×長さ50cm（ホワイト）

作り方

1　テープの両端を1cm分巻き、ステッチでかがる。　→P.56参照
2　指定の位置に刺繍を刺す。
3　刺繍糸2本どりで指定の箇所にリボン通しをつける。　→リボン通しの作り方参照
4　底中心で外表に二つ折りにし、両脇を縫う。
5　リボン通しにリボンを通し、リボンタッセルを作る。　→P.76参照

図案

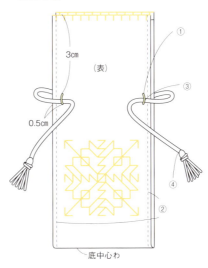

仕上げ方

①刺繍糸（2本どり）で長さ0.8cmの
　リボン通しをつける（リボン通しの
　作り方参照）。
②底中心で中表にあわせ、両脇を
　縫う。
③リボン通しにリボンを通す。
④リボンの先にタッセルを作る。

刺し方図

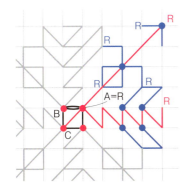

※ 1目＝2×2ブロック

リボン通しの作り方

①布の裏に玉結びをして表に針を出し、すぐ側をひとすくいする。

②わの中に糸を通す。　③②を繰り返す。

④長さ0.8cmになったら布をひとすくいし、針をわに通して引く。

⑤④ですくったすぐ側に刺し、裏で玉止めする。

ミニマット

布目が数えにくい布に刺したいときは、ジャバクロスなど
刺繍しやすい布と縫い合わせると刺しやすくなります。
how to make >> P.75

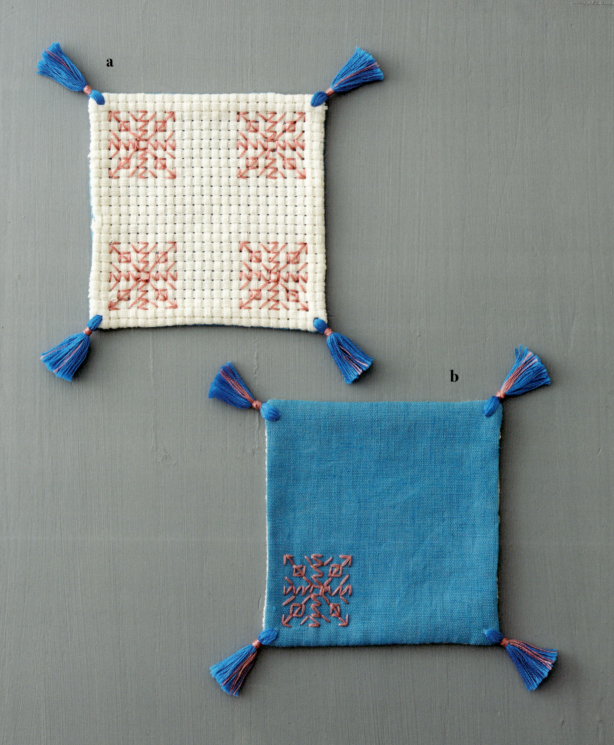

a

b

how to make

ミニマット　　できあがりサイズ（概寸）　各10×10cm

材料

ジャバクロス（2.5ブロック／1cm）・・・・・15×15cm（ホワイト）
綿麻布・・・・・15×15cm（ブルー）
25番刺繍糸・・・・・899（ピンク）、995（ブルー）

作り方

1　ジャバクロスと綿麻布はできあがりサイズに1cmの縫い代をつけてカットする。
2　2枚を中表に合わせ、返し口を残して周りを縫う。返し口から表に返し、返し口をまつる。
3　ジャバクロスの面を表にし、**a**は4つ、**b**は1つのモチーフを綿麻布と一緒に刺す。
4　ブルーの糸をタッセル、ピンクの糸を留め糸にして四隅に縫い付けタッセルをつける。　→P.76参照

a図案　　　　　　　　　　　　　　　**b図案**

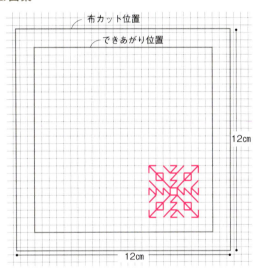

刺し方図

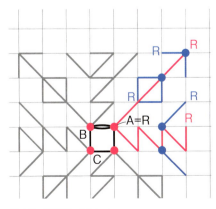

※ 1目＝織り糸1×1ブロック

本体の作り方

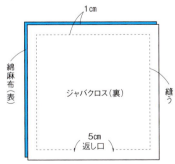

①綿麻布とジャバクロスを中表に
　合わせ、返し口を残して周りを縫う。
②返し口から表にかえし、返し口をまつる。

仕上げ方

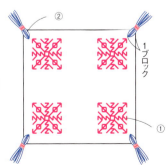

①ジャバクロスの面を上にして刺繍を刺す。
②ブルーとピンクの糸で縫い付け
　タッセルをつける。

POINT LESSON

縫い付けタッセルの作り方

01 まち針で布をアイロン台に固定する。刺繍糸（ブルー）を6本どりのまま針に通し、指定の位置に4回通す。糸の流れを整える。

02 留め用の刺繍糸（ピンク）を2本どりで針に通し、タッセルの根元で固結びする。

03 糸端（ピンク）は上に倒し、針がついている方の糸で下から上に5mmほど巻く。

04 巻き上げた糸の下を通すように、上から針をタッセルの中に刺す。

05 針を引く。結んだ糸も飾りになるので、糸の流れを整える。

06 03で残ったもう一方に針を通し、同様にタッセルの中に刺す。

07 タッセルの糸をまっすぐに整え、しっかりとおさえて好みの長さにカットする。

08 縫い付けタッセルのできあがり。

リボンタッセルの作り方

01 糸を指4本に8回ほど巻きつける。

02 指から外し、中心をリボンにのせる。

03 リボンでしっかりと固結びする。

04 結び目を隠すように糸を半分に折り、糸を通した針でリボンを通すように根元を刺す。

05 そのまま根本をしっかりと固結びにする。

06 縫い付けタッセルの作り方03を参照して下から上に3mmほど巻き、糸端はタッセルの中に通す。

07 タッセルの糸をまっすぐに整え、しっかりとおさえて好みの長さにカットする。

08 リボンタッセルのできあがり。

COLUMN

モロッコの
ティータイム

　フェズの人々にとってティータイムはとても重要です。夕方から友人や親戚を家に招き話に花を咲かせ、夕飯と一緒に済ませてしまうこともあるほど、人々の生活に欠かせない習慣として根付いてます。

　ティータイムには季節ごとにさまざまなハーブティーを楽しみますが、なかでもよく飲まれているのが、緑茶にミントの葉を入れたミントティー（アッツァイ）。いずれにしてもお砂糖多めの甘めの味わいが特徴的。お茶請けとしてクッキーやクレープに似た焼き菓子が添えられることが多いです。

　お祭りのときは別格で、数日前から大きめのトレーに装飾が施された金属製のティーポット、ガラスのコップ、ハチミツやアーモンドなど高価な食材を使った甘いカラフルなお菓子をたっぷりと準備し、ティータイムを贅沢に楽しみます。ほこりよけのためにかけられる繊細な刺繍のクロスやミントティーグラスを受けるナプキンなど、女性たちにとっては刺繍のセンスも見せどころでもあります。

ほこりよけに使われているのは、織り目の細かいオーガンジーに刺繍を施したもの。茶器を魅力的に透かして見せてくれるオーガンジーの布は女性たちの憧れ。

お祭りの日に作られるお菓子。左上はラマダンのときに食べられる、小麦粉の生地を揚げてシロップでかためたお菓子、シュバキア。右下はアーモンドやごまをふんだんに使った焼き菓子。

モロッコのじゅうたん屋さんで交渉の前に出されたミントティー。じゅうたんの柄にもフェズ刺繍に共通する繰り返し模様がみられる。

LESSON 3

配色を入れて

ベースになる色でモチーフの輪郭を刺してから、
内側を別の色で刺します。
糸を数色使うので華やかな見た目に。
慣れてきたら、お好みの配色で刺してみてください。

> **Attention**
> LESSON3以降の刺し方図は、メインステッチのA、B、C、Rと●（交点）のみ表記します。

マルチカラーのコースター

鮮やかな色彩であふれたモロッコの市場を
思わせる配色で刺したコースター。
how to make >> P.79

b

a

how to make
マルチカラーのコースター

できあがりサイズ（概寸）　**a** 13×14cm　／　**b** 13×13cm

材料

a

麻平織り布（織り糸5本／1cm）・・・・・20×20cm（オフホワイト）
5番刺繍糸・・・・・地色：820（ダークブルー）
　　　　　　　　　配色：995（ブルー）、322（ライトブルー）、950（ライトピンク）

b

麻平織り布（織り糸5本／1cm）・・・・・20×20cm（オフホワイト）
5番刺繍糸・・・・・地色：3858（ブラウン）
　　　　　　　　　配色：995（ブルー）、600（マゼンダ）、972（イエロー）、907（グリーン）

作り方

1　刺繍を刺す。
　①　地色のモチーフを刺す。
　②　配色のモチーフを刺す。
2　モチーフを中心に、できあがりサイズに周りをカットする。

a 図案

b 図案

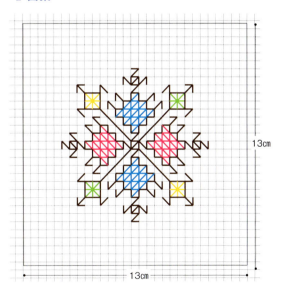

a ①地色の刺し方図
（ダークブルー）

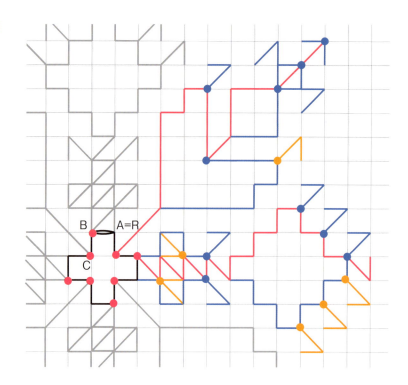

②配色の刺し方図
（ブルー、ライトブルー、
ライトピンク）

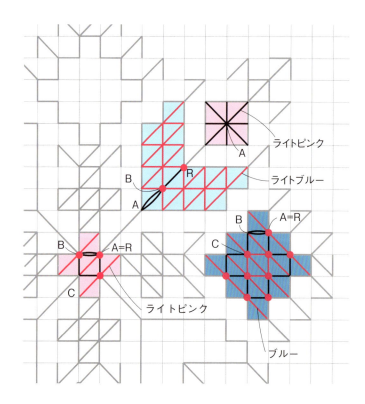

b ①地色の刺し方図
（ブラウン）

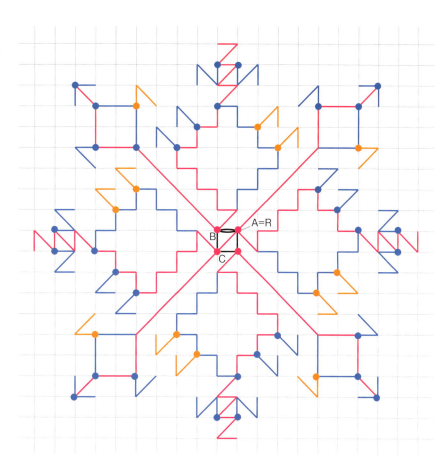

②配色の刺し方図
（ブルー、マゼンダ、
イエロー、グリーン）

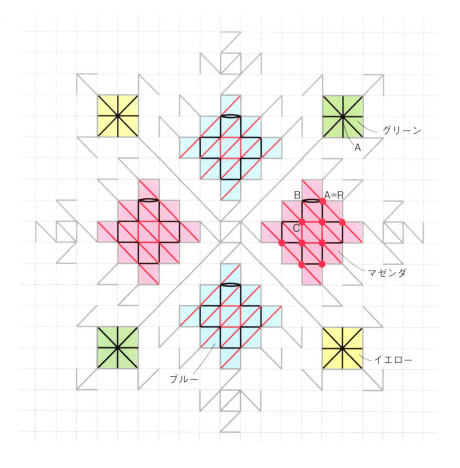

※ 1目＝織り糸2×2本

マルチクロス

少し複雑な多色使いは、目の数えやすいジャバクロスで刺せば、初めての人でもきれいに仕上がります。
how to make >> P.84

how to make

マルチクロス　できあがりサイズ（概寸）　47×53cm

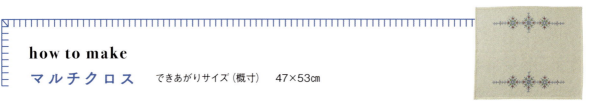

材料

ジャバクロス（2.5ブロック／1cm）・・・・・50×60cm（オフホワイト）
25番刺繍糸・・・・・地色：322（ライトブルー）
　　　　　　　　配色：3687（ローズ）、778（ピーチ）、907（グリーン）

作り方

1　刺繍を刺す。
　①　地色のモチーフを刺す。
　②　配色のモチーフを刺す。
2　周りに2cmの縫い代をつけ、ジャバクロスをカットする。三つ折りにして縫う。

図案

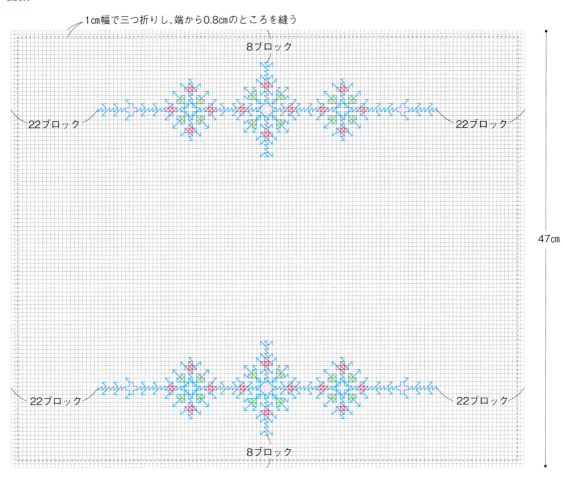

リボン

クロスステッチ用のテープに、リピート柄の
ステッチを組み合わせたオリジナルのリボン。
贈り物を包むときや、花束を結ぶときにどうぞ。
how to make >> P.88

87

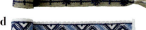

how to make

リボン　できあがりサイズ（概寸）　a、b、d 各2.5cm幅 ／ c 1.6cm幅

材料

a
クロスステッチ用テープ（10ブロック／2.5cm）・・・・・幅2.5cm（ホワイト）
25番刺繍糸・・・・・ECRU（ライトベージュ）

b
クロスステッチ用テープ（10ブロック／2.5cm）・・・・・幅2.5cm（オフホワイト）
25番刺繍糸・・・・・地色：322（ライトブルー）
　　　　　　　　　配色：820（ダークブルー）、B5200（ホワイト）

c
麻テープ（織り糸20本／1.6cm）・・・・・幅1.6cm（ナチュラル）
25番刺繍糸・・・・・820（ダークブルー）

d
クロスステッチ用テープ（10ブロック／2.5cm）・・・・・幅2.5cm（ホワイト）
25番刺繍糸・・・・・地色：820（ダークブルー）
　　　　　　　　　配色：322（ライトブルー）

作り方

1　**a、b、d** は、リボンの両端を0.5cm幅で三つ折りにし、まつり縫いにする。
2　**a、b、d** は端から0.5cm、**c** は端から2cm離して刺繍を刺す。
3　**c** は、リボンの両端から2cmの位置をダークブルーの糸で巻いて結び、端をほどいてフリンジ状にする。

仕上げ方

a、b、d

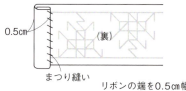

リボンの端を0.5cm幅で三つ折りにし、まつり縫いにする。

c

リボンの端から2cmのところを糸で固結びにする。リボンの端をほどき、結んだ糸を房になじませる。

a 刺し方図

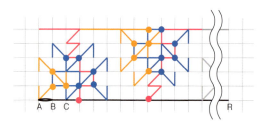

※ 1目＝2×2ブロック

b 図案

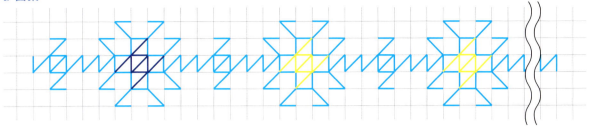

①地色の刺し方図（ライトブルー）

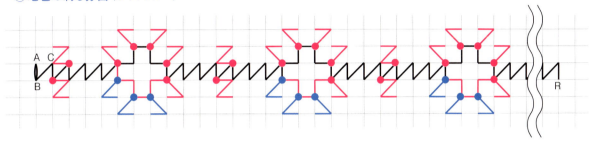

②配色の刺し方図（ダークブルー、ホワイト）

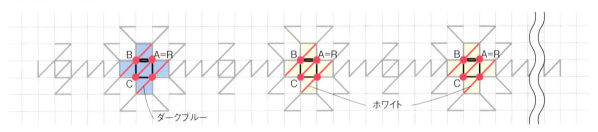

※ 1目＝2×2ブロック

c 刺し方図

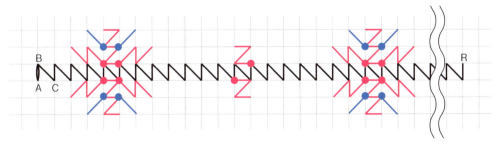

※ 1目＝織り糸3×3本
※Rの位置は刺したい長さで決める

d 図案

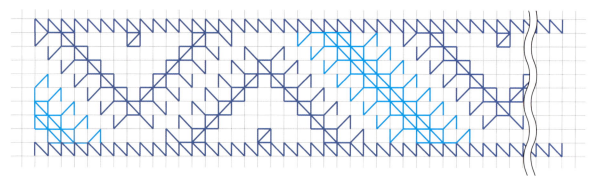

①地色の刺し方図（ダークブルー）

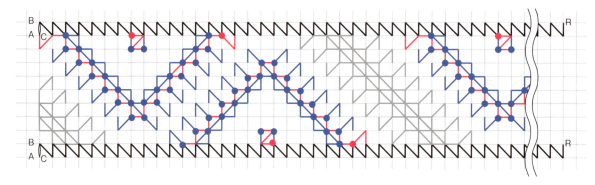

②配色の刺し方図（ライトブルー）

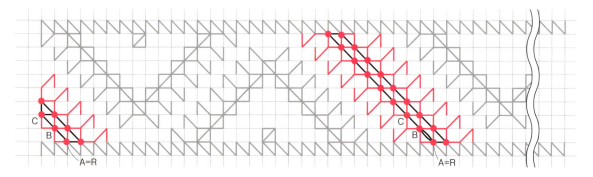

※ 1目＝1×1ブロック

COLUMN

メクネス刺繍

鮮やかで力強い色と構図が特徴のクッションカバー。

　フェズから西へ約60kmのところにメクネスの街があります。フェズ同様にかつての都であり、世界遺産に登録されています。
　写真(上)はメクネスの刺繍が施されたクッションカバーです。ナプキン(左)は友人からもらったもので、初めて見たときは力強い色使いに圧倒されました。カラフルで鮮やかな色づかいから、フェズ刺繍とは全く別のものだと思っていましたが、後に同じ技法だと聞いて驚きました。
　アラブ系の人が多いフェズに対してメクネスにはベルベル系の人(北アフリカの先住民族)が多く暮らしています。かつてベルベル系民族の多くの人はラクダや羊の毛を紡いで絨毯やキリムを作っていました。暗くなりがちな動物の毛に、植物などで鮮やかに染めた色彩を加えて大胆で大らかな配色を楽しんでいたようです。メクネスの刺繍にはアラブらしい、繊細さとアフリカらしい自由な大胆さが混在した独特の面白さがあります。
　フェズ刺繍の技法がモロッコ全土で愛され、地方によって独特の味わいがあることを知るきっかけになった貴重な2枚です。

STEP3と同じ技法で刺されたネクメスのナプキン。フェズらしい青い糸で刺されている。白地をいかしたコントラストが美しい。

LESSON 4 アレンジテクニックを使って

往路でサブステッチを刺す刺し方と、
往路と復路で糸の色を替える刺し方を紹介します。
慣れてきたらほかの作品も、このテクニックを使って刺してみましょう。

a

タオル

刺す距離が長いときや
左右対称に仕上げたいときなどに
おすすめのテクニックです。
how to make >> P.93

b

how to make

タオル　できあがりサイズ(概寸)　各23×23cm

材料

- **a**　25番刺繍糸・・・・・820(ダークブルー)
- **b**　25番刺繍糸・・・・・820(ダークブルー)、322(ライトブルー)
- **a、b共通**　クロスステッチ用タオル(15ブロック／2cm)・・・・・23×23cm(ホワイト)

作り方

1　中心の目から刺し始めのモチーフを刺し、左右それぞれに向かって刺繍を刺す。　→P.95参照
　　a・・・モチーフ①、②を繰り返して刺す。
　　b・・・モチーフ①②③④を繰り返して刺す。

a 図案

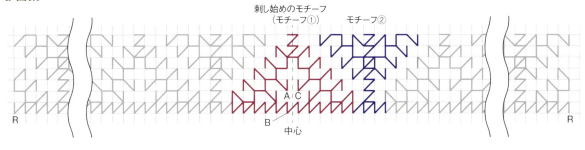

a 刺し方図

刺し始めのモチーフ

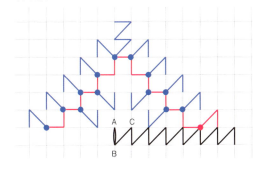

モチーフ②

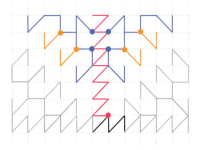

モチーフ①

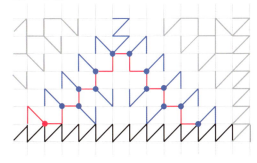

※ 1目＝2×2ブロック

b 図案

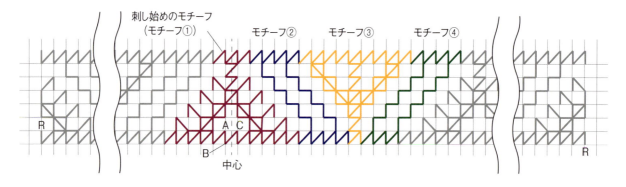

図案

刺し始めのモチーフ

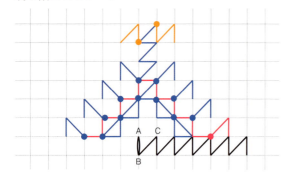

モチーフ①

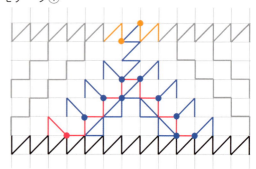

モチーフ②

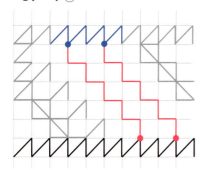

モチーフ③

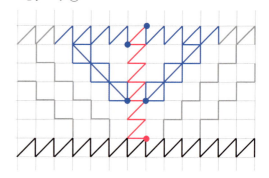

モチーフ④

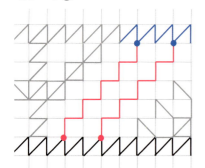

※ 1目＝2×2ブロック

POINT LESSON

中央から左右に刺し進める刺し方

中心から左右に向かって往路を刺し、端で折り返して中心に向かって復路を刺す方法です。
メインステッチの往路でサブステッチをひとつずつ完成させることで、左右対称の美しい模様に仕上がります。

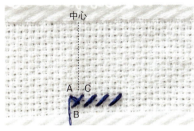

01 布の中心の目を確認し、Aから刺し始める。

02 ●から刺し始めのモチーフ（モチーフ①）のサブステッチ（刺し方図のピンクのステッチ）を刺す。

03 サブステッチ（ピンク）の復路を刺しながら、●、●を通るたびにそれぞれサブステッチ（青）、（黄）を往復して刺す。

04 サブステッチ（ピンク）の●まで戻る。刺し始めのモチーフ（モチーフ①）のサブステッチのできあがり。

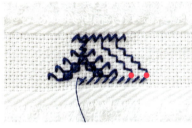

05 メインステッチの往路を刺しながら、●を通ったらモチーフ②のサブステッチを往復して刺す。

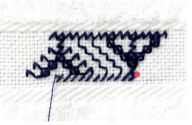

06 同様に、モチーフ③のサブステッチを往復して刺す。

07 同様に、モチーフ④のサブステッチを往復して刺す。

08 モチーフ①を刺す。はじめの●を通ったらサブステッチ（ピンク）の往路を刺す。

09 復路でサブステッチ（青）、（黄）のステッチを往復して刺す。

10 同様に刺し進め、タオルの右端（R）まで刺し、折り返す。

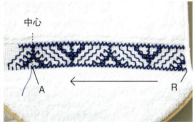

11 メインステッチの復路を刺す。中心のAまで戻り、左側も同様に往路でサブステッチを完成させながら刺す。

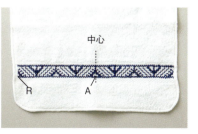

12 タオルの左端（R）からメインステッチの復路を刺し、Aまで戻る。糸を始末する。

95

2色のティーマット

基本のステッチにアレンジを加えて
ブルーの濃淡2色で刺したティーマット。
青一色で刺すよりも、軽やかな印象になります。
how to make >> P.98

how to make
2色のティーマット

できあがりサイズ（概寸）　33×40.5cm

材料

木綿平織り布（織り糸8本／1cm）・・・・・40×50cm（ホワイト）
25番刺繍糸・・・・・820（ダークブルー）、322（ライトブルー）

作り方

1　刺繍を刺す。
　①周りのモチーフを刺す。　→P.99参照
　②四方のモチーフを刺す。
2　外側のモチーフから12目外側にまち針を刺す。
　まち針から2cm外側をカットし、布端をステッチでかがる。　→P.56参照

図案

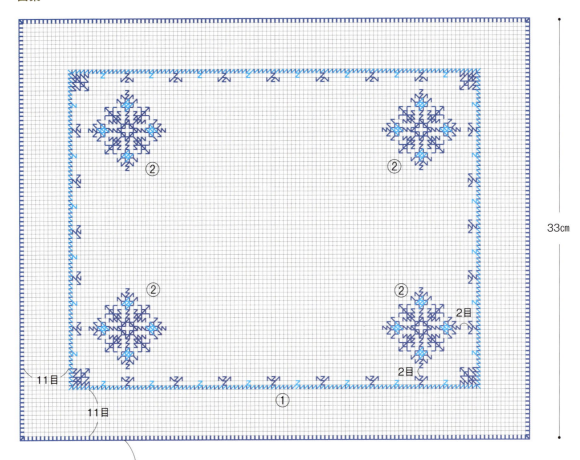

①周りの模様

往路の刺し方図（ダークブルー）

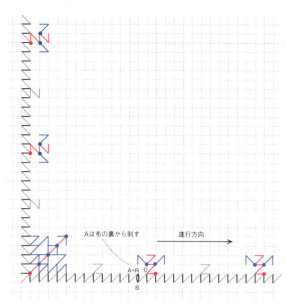

復路の刺し方図（ライトブルー）

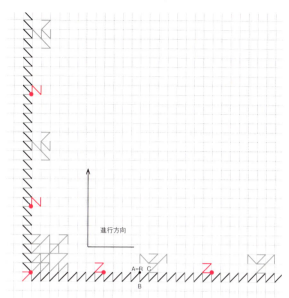

※ 1目＝織り糸3×3本　※ ダークブルーは往路でサブステッチを刺す

POINT LESSON

糸の色の替え方

往路と復路で、糸の色を替えるときの方法を紹介します。
Rで糸を入れ替えましょう。

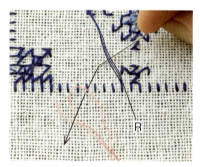

01 往路の糸（ダークブルー）でRまで刺す。復路の糸（ここではわかりやすいようにピンク）に針を通し、往路の糸を巻くように、糸端のわに通す。

02 往路の糸を押さえながら復路の糸を引く。Rに小さな結び目ができる。

03 復路を刺し始める。往路の糸はからまないように復路の進行方向とは反対側でおさえておく。

04 3目進んだところ。

05 往路の糸で復路の糸の下を通るように、3目刺し戻る。約2mm残してカットする。替えた糸の刺し始めの糸端も約2mm残してカットする。

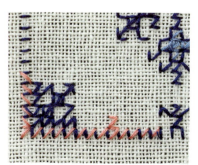

06 復路に戻り、図案どおりに刺す。

②四方の模様
地色の刺し方図
（ダークブルー）

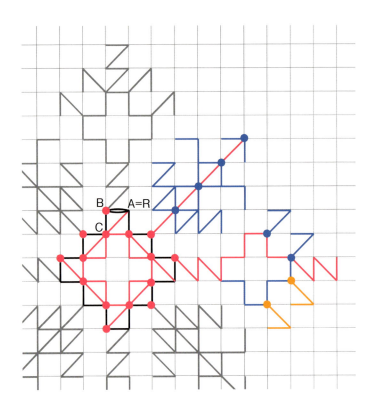

配色の刺し方図
（ライトブルー）

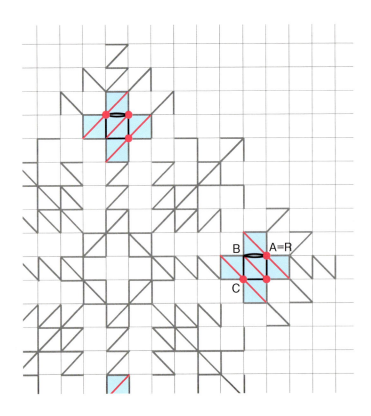

※ 1目＝織り糸3×3本

a

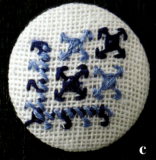
c

くるみボタン

モロッコタイル模様のイメージを
ちいさなくるみボタンに仕上げました。
how to make >> P.102

b

d

f

e

how to make
くるみボタン　できあがりサイズ（概寸）　各3.5cm

材料

- **a** 25番刺繡糸・・・・・820（ダークブルー）、322（ライトブルー）
- **b** 25番刺繡糸・・・・・820（ダークブルー）、322（ライトブルー）
- **c** 25番刺繡糸・・・・・820（ダークブルー）、322（ライトブルー）
- **d** 25番刺繡糸・・・・・3857（ブラウン）
- **e** 25番刺繡糸・・・・・820（ダークブルー）
- **f** 25番刺繡糸・・・・・3857（ブラウン）
- **a～f共通**　綿平織り布（織り糸9本／1cm）・・・・・20×20cm（ホワイト）
　　　　　くるみボタンパーツ（直径3.5cm、はめ込み式）

作り方

1　刺繡を刺す。**c**の角の模様は、往復で糸の色を替えて刺す。　P.99参照
2　布をくるみボタンパーツより約1.5cm外側を丸くカットする。
3　2の上に、くるみボタンパーツの丸みがある面を下にして置く。余った布は内側に畳み入れ、裏パーツをはめ込む。

a 図案

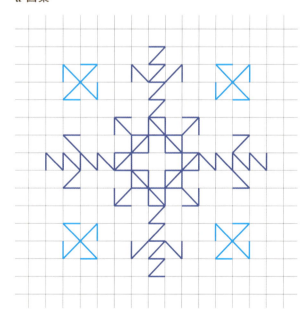

刺し方図

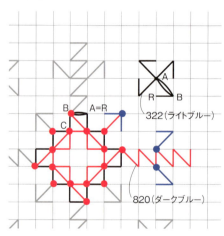

※ 1目＝織り糸2×2本

b 図案

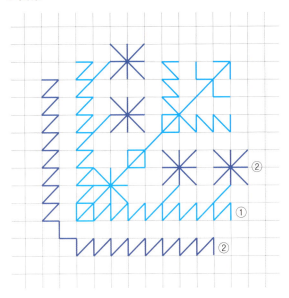

地色の刺し方図（ライトブルー）

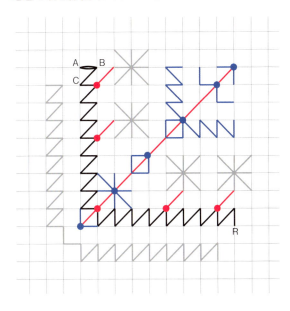

配色の刺し方図（ダークブルー）

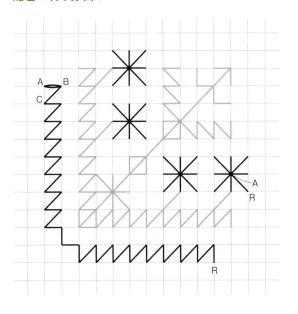

※ 1目＝織り糸2×2本

c 図案

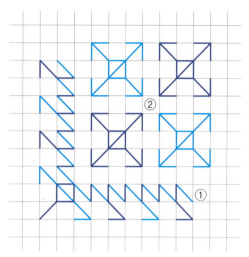

② 刺し方図

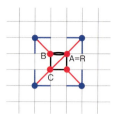

① 往路の刺し方図（ダークブルー）

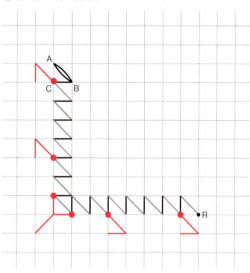

復路の刺し方図（ライトブルー）

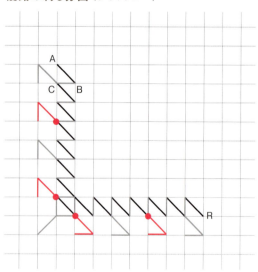

※ 1目＝織り糸2×2本

d 図案

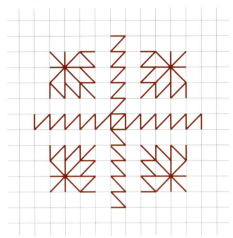

刺し方図

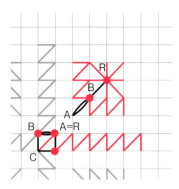

e 図案

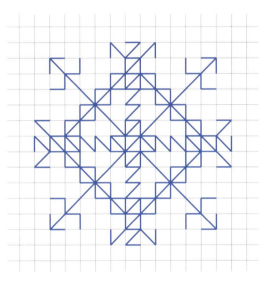

刺し方図

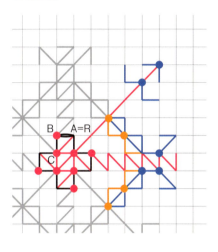

f 図案

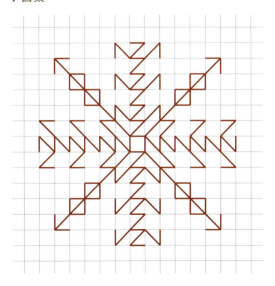

刺し方図

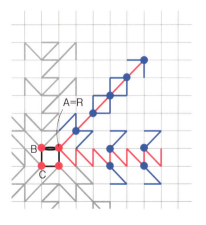

※ 1目＝織り糸2×2本

105

LESSON 5

応用

メインステッチからサブステッチが複雑に広がるほど、美しい模様になります。パズルを読み解くようにフェズ刺繍を楽しみましょう。

> **Attention**
> LESSON5の刺し方図はメインステッチのA、B、C、Rのみを表記します。

a

b

ハンカチ

昔ながらの伝統的な左右対称の模様。
ハンカチのコーナーにさりげなく刺せば、個性的に仕上がります。

how to make >> P.108

ポプリケース

刺繍した四角い布の角を内側に折り、
リボンを通して袋状にしました。
ハンガーにかけたり、
引き出しに入れたりして香りを楽しんで。
how to make >> P.110

how to make

ハンカチ　できあがりサイズ（刺繍部分・概寸）　a 5×5cm ／ b 8×8cm

材料

a
麻平織りハンカチ（織り糸20／1cm）・・・・・40×40cm（ホワイト）
25番刺繍糸・・・・・814（ワインレッド）

b
麻平織りハンカチ（織り糸20／1cm）・・・・・36×36cm（ナチュラル）
25番刺繍糸・・・・・820（ダークブルー）

a　図案／刺し方図

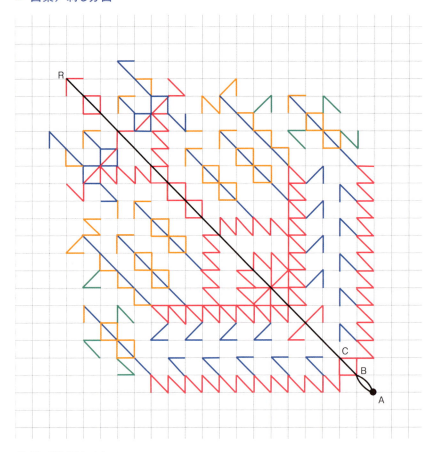

※ 1目＝織り糸5本×5本

b 図案／刺し方図

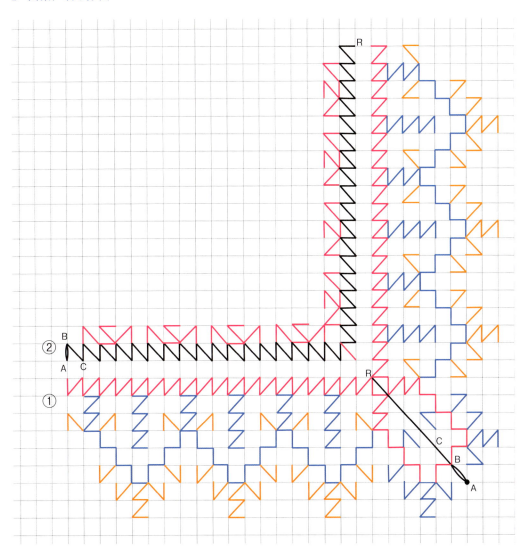

※ 1目＝織り糸5本×5本

how to make
ポプリケース

できあがりサイズ（開いた状態で・概寸） 8×8×3cm

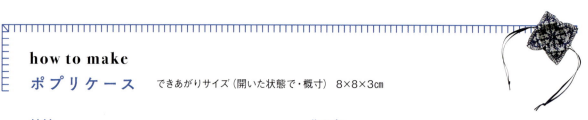

材料

a
綿平織り布（織り糸9本／1cm）
　‥‥‥20×20cm（ホワイト）
25番刺繍糸‥‥‥820（ダークブルー）
サテンリボン‥‥‥幅0.3cm×長さ50cm（ホワイト）

b
綿平織り布（織り糸9本／1cm）
　‥‥‥20×20cm（ホワイト）
25番刺繍糸‥‥‥820（ダークブルー）
サテンリボン‥‥‥幅0.3cm×長さ50cm（ダークブルー）

その他
とじ針

作り方

1　刺繍を刺す。
2　モチーフから2cm外側をカットし、布端をステッチでかがる。　→P.56参照
3　図を参照して四隅を折りたたみ、リボンを通せるように縫う。
4　とじ針にリボンを通し、互い違いにリボン通しに通して端を結ぶ。
5　リボンの端を引き、中にお好みのポプリを入れる。

仕上げ方

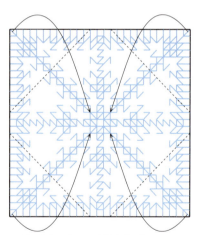

①四角をモチーフの目と合うように折る。

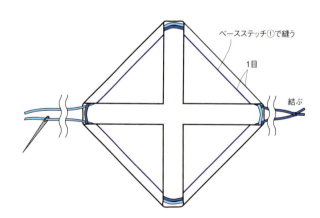

②4辺の端から1目内側をメインステッチ①で縫う。とじ針を使ってリボン通し部分にリボンを互い違いに通す。リボンの端はひと結びにする。

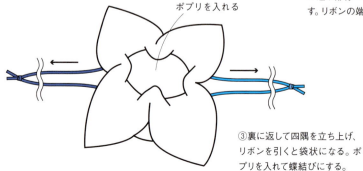

③裏に返して四隅を立ち上げ、リボンを引くと袋状になる。ポプリを入れて蝶結びにする。

図案

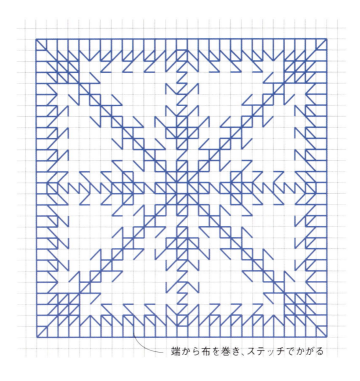

端から布を巻き、ステッチでかがる

刺し方図

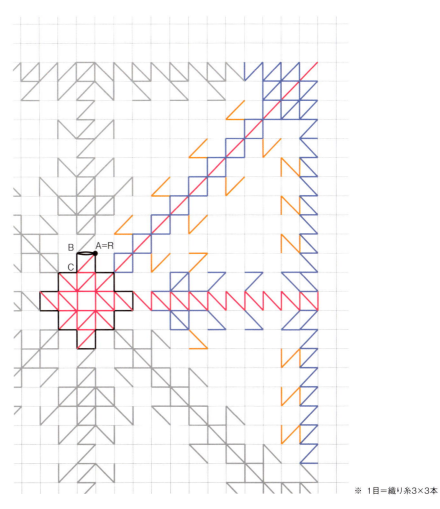

※ 1目=織り糸3×3本

111

c

刺繍フレーム

布いっぱいに刺繍を刺してクリアタイプのフォトフレームに入れて涼しげなインテリアに。
表からも裏からも美しいモチーフを堪能できます。
how to make >> P.114

how to make
刺繍フレーム

できあがりサイズ（概寸）　**a** 15×15㎝　／　**b** 19×19㎝　／　**c** 13×13㎝

a　b　c

材料

a〜c共通
綿平織り布（織り糸9本／1㎝）・・・・・20×20（ホワイト）
25番刺繍糸・・・・・820（ダークブルー）
アクリルフォトフレーム

作り方

1　刺繍を刺す。
2　モチーフから2目外側の布をカットする。
3　アクリルフレームにセットする。

a 図案

刺し方図

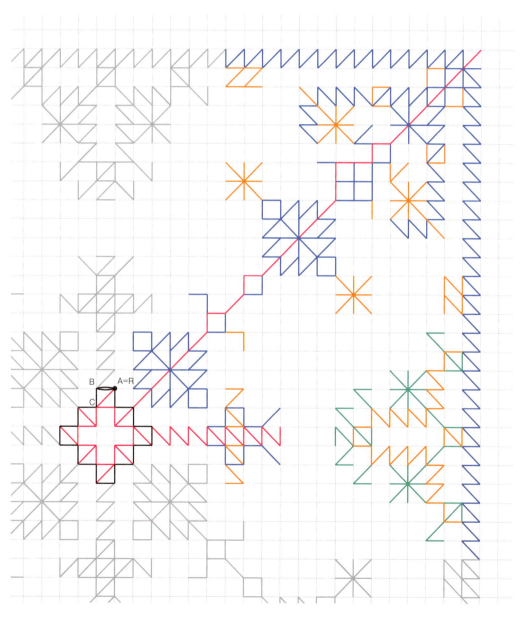

※ 1目＝織り糸3×3本

b 図案

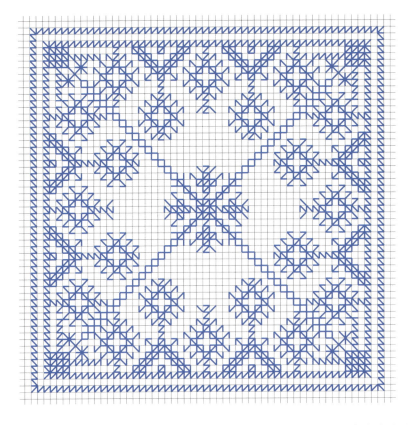

刺し方図

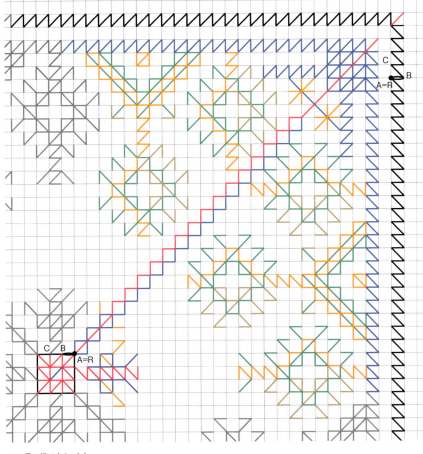

※ 1目＝織り糸3×3本

c 図案

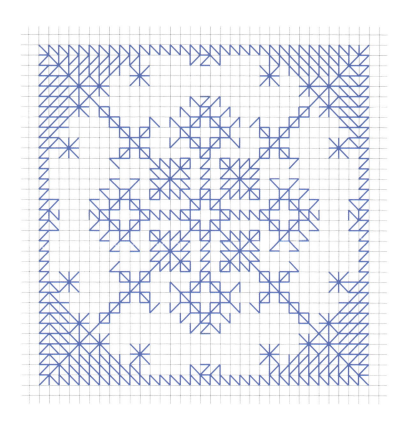

刺し方図

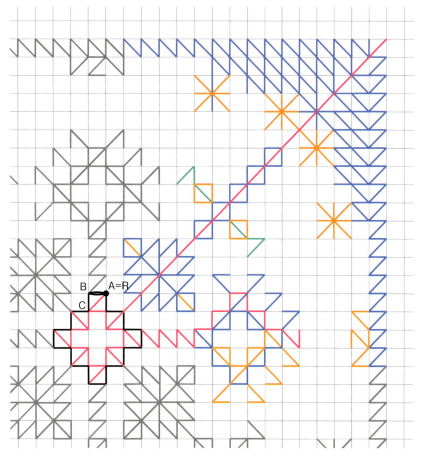

※ 1目＝織り糸3×3本

カーテン

さまざまな模様を並べてカーテンに仕立てました。
美しい幾何学模様が光を通していっそう引き立ちます。
how to make >> P.119

how to make
カーテン

材料

綿麻平織り布（織り糸12本／1cm）・・・・・110×80cm（オフホワイト）
25番刺繍糸・・・・・820（ダークブルー）

刺繍部分全体図

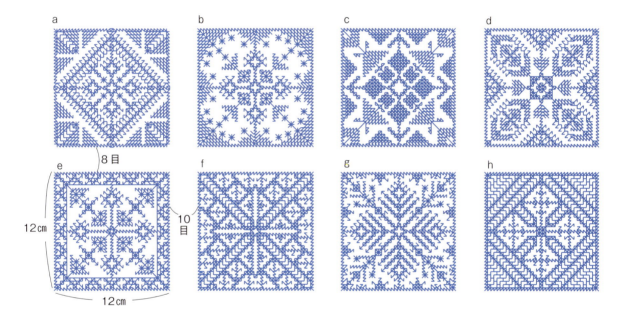

a 図案

刺し方図

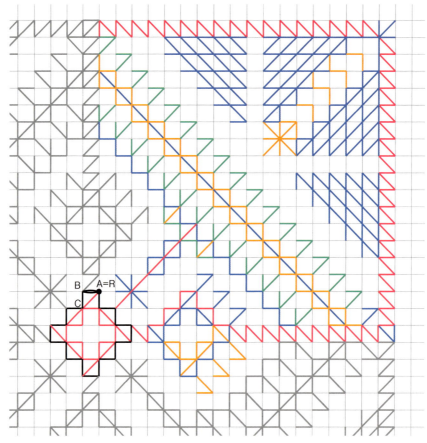

※ 1目＝織り糸4×4本

b 図案

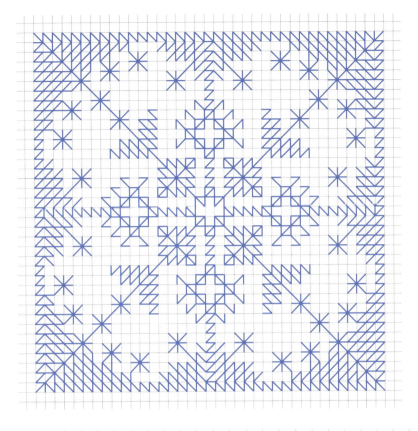

刺し方図

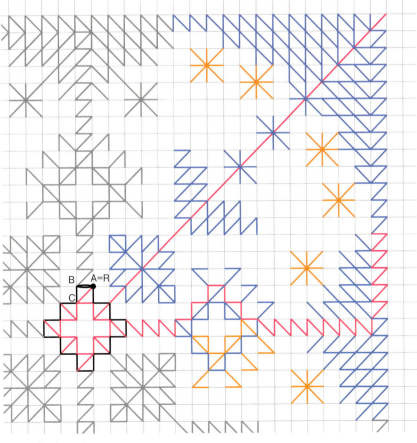

※ 1目＝織り糸4×4本

c 図案

刺し方図

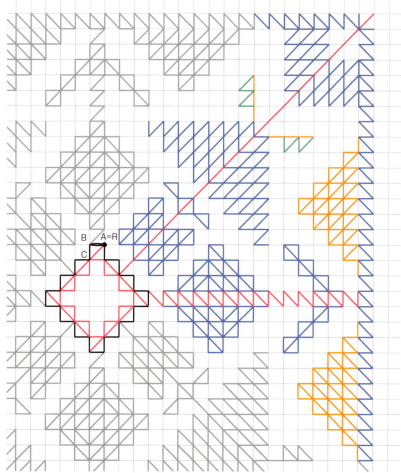

122　　　※ 1目=織り糸4×4本

d 図案

刺し方図

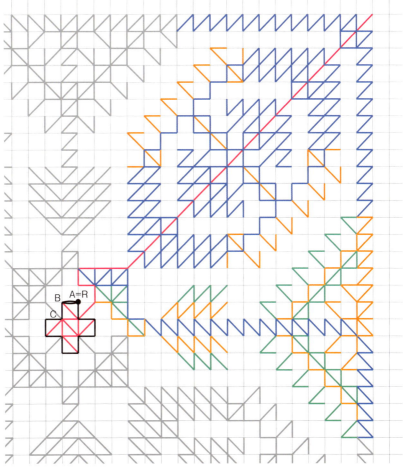

※ 1目＝織り糸4×4本

123

c 図案

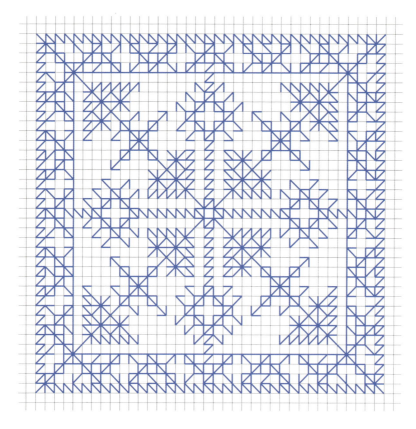

刺し方図

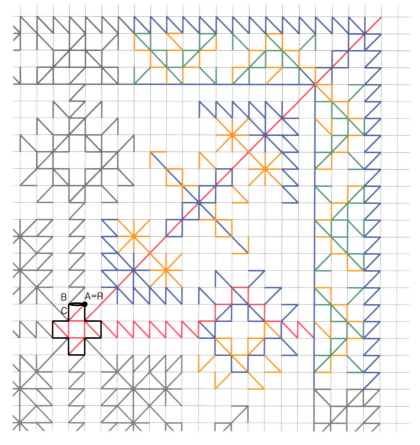

※ 1目=織り糸4×4本

f 図案

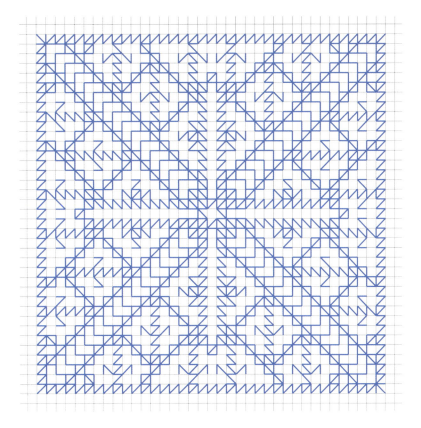

刺し方図

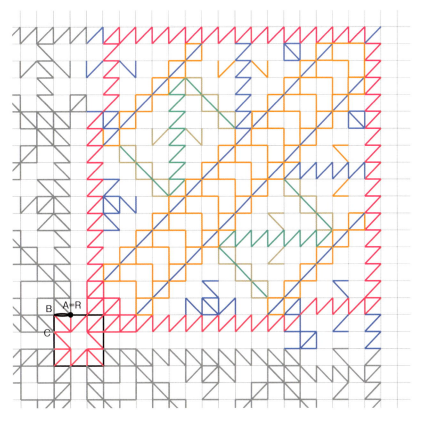

※ 1目＝織り糸4×4本

g 図案

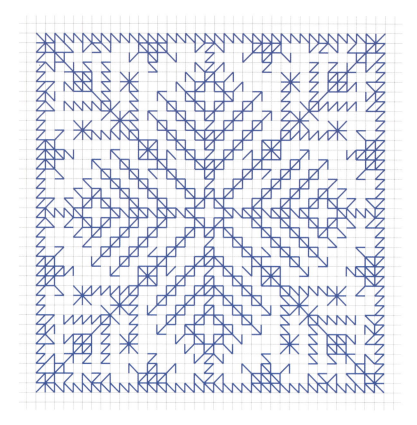

刺し方図

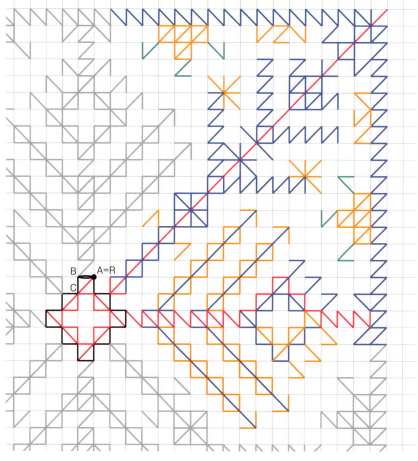

※ 1目=織り糸4×4本

h 図案

刺し方図

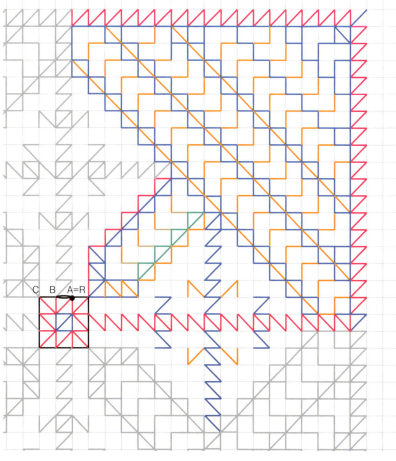

※ 1目＝織り糸4×4本

Profile

アタマンチャック中山奈穂美

モロッコ刺繍デザイナー、講師。文化服飾学院アパレルデザイン科卒業。婦人服デザイナーとして約18年間従事。2003年より2年間国際協力機構JICA青年海外協力隊としてモロッコへ。フェズの洋裁職業資格校にて洋裁を指導。2007年JICA短期ボランティアとしてリッサニ市メズギーダアソシエーションにて手芸などを指導。帰国後はフェズ刺繍を始めとして、モロッコ刺繍の教室、ワークショップなどを開催している。

Staff

デザイン	橘川幹子
撮影	福井裕子
図案トレース	菊地杏子
スタイリング	露木 藍
編集協力	難波ひとみ、菅野和子
編集	野中良美

参考文献

『迷宮都市モロッコを歩く』今村文明（NTT出版）
Rachida Alaoui : FLORILÉGE DE LA BRODERIE MAROCAINE
Gillian Vogelsang -Eastwood :Encyclopedia of Embroidery from the Arab World

---

表も裏も美しいモロッコ伝統の刺繍技法と図案
はじめてのフェズ刺繍　　　NDC594

2019年6月16日　発　行

著　者　　アタマンチャック中山奈穂美
発行者　　小川 雄一
発行所　　株式会社 誠文堂新光社
　　　　〒113-0033　東京都文京区本郷3-3-11
　　　　（編集）電話03-5805-7285
　　　　（販売）電話03-5800-5780
　　　　http://www.seibundo-shinkosha.net/

印刷・製本　大日本印刷 株式会社

©2019, Nahomi Nakayama Atamanchuk.
Printed in Japan

検印省略
禁・無断転載

落丁・乱丁本はお取り替え致します。本書掲載記事の無断転用を禁じます。
また、本書に掲載された記事の著作権は著者に帰属します。これらを無断で使用し、バザーやインターネット上での販売、講習会、ワークショップ、および商品化等を行うことを禁じます。
本書のコピー、スキャン、デジタル化等の無断複製は、著作権法上での例外を除き、禁じられています。本書を代行業者等の第三者に依頼してスキャンやデジタル化することは、たとえ個人や家庭内での利用であっても著作権法上認められません。

JCOPY　＜（一社）出版者著作権管理機構　委託出版　＞

本書を無断で複製複写（コピー）することは、著作権法上での例外を除き、禁じられています。本書をコピーされる場合は、そのつど事前に、（一社）出版者著作権管理機構（電話 03-5244-5088／FAX 03-5244-5089／e-mail:info@jcopy.or.jp）の許諾を得てください。

ISBN978-4-416-61654-3